lonely planet

DE CERCA

BALI

AF276721

Ryan Ver Berkmoes

Sumario

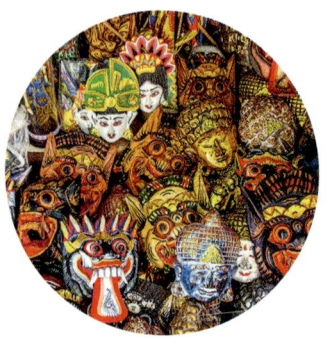

Arriba: máscaras, Pura Taman Ayun (p. 43).
Abajo: arrozal, Ubud (p. 111).

Puesta a punto 4

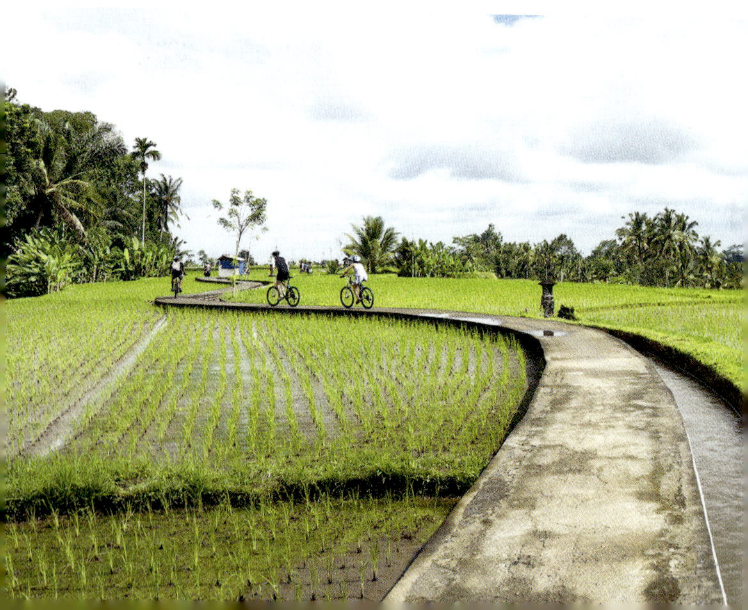

ARRIBA IZQUIERDA: KADAGAN/SHUTTERSTOCK © IZQUIERDA: DIYIBEN/SHUTTERSTOCK ©

El viaje empieza aquí

En 1993 visité Bali por primera vez. Al pasar por el control de inmigración, el funcionario me miró el pasaporte y dijo con voz amistosa: "Que pase un maravilloso cumpleaños en Bali". ¿Cómo no enamorarse? Mantengo el asombro siempre que estoy en la isla. Maravillarme ante un espectáculo de danza en Ubud, contemplar a los surfistas en los Ulus, descubrir un nuevo paseo o playa o disfrutar de una cerveza en mi bar de playa favorito durante la puesta de sol en Canggu son experiencias significativas. Bali, como yo, ha cambiado mucho, pero su esencia aún evoca amor.

Ryan Ver Berkmoes
@ryanverberkmoes
Esta es la 151.ª guía de Ryan para Lonely Planet; sus títulos abarcan todo el mundo.

Bailarina de 'legong' (p. 118), Ubud.
MARK WOLTERS/SHUTTERSTOCK ©

LO MEJOR
Playas

En Bali, *pantai* significa "playa", y existe una perfecta para cada uno. El turismo comenzó en Kuta porque la playa llega hasta Canggu. En el resto de la isla hay más playas.

Salir de fiesta en **Pantai Batu Bolong** (foto arriba dcha.), el lugar de moda de Canggu con ambiente todo el día que mezcla surf y bebidas. (p. 38)

Un día de ocio en **Pantai Batu Belig,** Seminyak, con cocos fríos, Bintang heladas y olas increíbles. (p. 52)

Escapar a **Pantai Bingin** (foto arriba), la playa escondida de Uluwatu. Recorrer el asombroso laberinto de caminos hasta llegar a cafés y vistas fabulosas. (p. 83)

Pasar el rato en **Pantai Kuta,** aprendiendo a surfear, bebiendo cerveza barata y haciendo amigos para toda la vida. (p. 63)

Caer agotado en la **playa de Sanur** y dejar pasar el tiempo mientras la familia retoza en las suaves olas. (p. 99)

Sentir el ambiente de **Pantai Berawa,** la playa de Canggu con sencillos chiringuitos y megaclubes de playa. (p. 38)

Derecha: Pantai Kuta (p. 63).

LO MEJOR

Experiencias culturales

Los templos de Bali, o *pura,* son el epicentro de la actividad espiritual, con espectáculos de danza y música fruto de una cultura centenaria en constante evolución. La precisión de la coreografía es el sello distintivo de la etérea danza balinesa.

Ver espectáculos nocturnos de danza balinesa (incluido el icónico *kechak*) en el **palacio de Ubud** (foto arriba). (p. 119)

Evitar a los monos en el mágico **Pura Luhur Ulu Watu,** con vistas al Índico y actuaciones de danza al atardecer. (p. 80)

Sentir la frescura del aire matutino en el **Pura Tanah Lot,** el templo de aspecto improbable levantado sobre una plataforma de roca. (p. 34)

Pensar sobre un gigantesco objeto de bronce, de 2000 años aprox., en el **Pura Penataran Sasih,** cerca de Ubud. ¿Quién lo hizo? ¿Cómo llegó allí? (p. 123)

El enorme templo real sobre el agua del **Pura Taman Ayun** (foto arriba), a las afueras de Canggu, es uno de los más gratificantes de Bali. (p. 43)

Pasear por las calles brumosas del templo más sagrado de Bali, el enorme **Pura Besakih,** en las laderas del sagrado Gunung Agung. (p. 131)

Derecha: Pura Besakih (p. 131).

STÉPHANE VICTOR/LONELY PLANET ©

Oberoi (p. 51).

LO MEJOR
Alojamientos

Si uno necesita un *reset* para el alma o una estancia para
mimarse, puede disfrutar de uno de los numerosos lugares
únicos de Bali. Se puede desconectar en retiros tranquilos
sobre deslumbrantes arenas blancas, o deleitarse
con la dicha de idílicos valles fluviales.

Iniciar el reinicio espiritual
en el **Serenity Eco Guesthouse,**
un sencillo resort familiar de yoga
centrado en la permacultura
y aislado del mundo. (p. 41)

Para mimarse se puede ir al retiro
playero del **Oberoi** (p. 51), con su playa
casi privada y su lujo puro y discreto.

Ulu Cliffhouse, que ofrece un respiro
tranquilo del oleaje exterior, es un
exuberante club de playa y resort que
hace feliz en unos minutos. (p. 84)

Descubrir el patrimonio artístico de
Bali en el **Hotel Tugu Bali** de Canggu,
una serie de edificios tradicionales
llenos de elegante encanto. (p. 42)

Diseñado por artistas, y modelo para
hoteles de todo Bali, el elegante
Tandjung Sari Hotel ha prosperado
desde su apertura en 1967. (p. 97)

Para meditar, hacer yoga
y disfrutar de muchos lujos, hay que
ir al suntuoso refugio de **Istana,**
sobre un acantilado. (p. 84)

LO MEJOR
Surf

Múltiples rompientes fabulosos compiten por la atención de los surfistas y de sus tablas. En Bali comenzó el surf en Asia, y no parará pronto. Hay que unirse a las legiones de surfistas que recorren la isla en busca de olas.

Encontrar las olas más legendarias del sureste asiático en **Pantai Suluban,** Uluwatu. Es el mejor rompiente de Bukit. (p. 82)

Maravillarse con las perfectas olas de **Pantai Kuta,** la vasta extensión de arena que disfrutan surfistas de todos los niveles. (p. 63)

Recibir una clase de surf improvisada en **Pantai Batu Bolong,** la playa de Canggu donde atrapar y observar olas es igual de importante. (p. 38)

Caer de la cama a la tabla en la hermosa **Pantai Bingin,** en cuyo acantilado hay locales de surf. (p. 83)

Tener el rompiente para uno solo en **Pantai Keramas,** la playa de arena negra del este de Bali con oleaje constante y de primera. (p. 131)

Trotar colina abajo mientras otros luchan por ascender en **Pantai Green Bowl,** un lugar escondido para practicar surf en Bukit. (p. 84)

Pantai Keramas (p. 131).

TRUBAVIN/SHUTTERSTOCK ©

11

LO MEJOR
Comida y bebida

La cocina de Bali, rica en especias y sabores, se basa en la abundancia de alimentos locales frescos. Se saborea en *warungs* (puestos de comida) o restaurantes de primer nivel. Luego hay que explorar los restaurantes que ofrecen las mejores comidas de la región.

Si uno cierra los ojos se perderá la inauguración de otro café sensacional en Canggu; **Milk & Madu** (foto arriba) es uno de los mejores. (p. 39)

Para disfrutar de un lugar con vistas a algunas de las mejores olas de Bali, una cerveza fría en **Single Fin** (foto arriba). (p. 85)

Un viaje culinario a algunos de los platos más populares de Indonesia en el mercado nocturno de Kerobokan, el **Pasar Kerobokan.** (p. 53)

Ser un lugareño más en los húmedos alrededores del **Warung Wardani** de Denpasar y hacer cola para el almuerzo. (p. 109)

En el **Kuta Social Club** se disfruta de bebidas exclusivas y vistas impresionantes del Pura Tanah Lot y alrededores. (p. 64)

Quedarse una semana más para probar los increíbles restaurantes de Ubud. **Yellow Flower Cafe** merece la pena por las vistas. (p. 124)

Derecha: '*Nasi campur*' (arroz con guarniciones).

LO MEJOR
Compras

Con *boutiques* de moda de diseñadores, galerías elegantes, emporios mayoristas y talleres de artesanos, Bali llena el equipaje. Comprar una maleta más para la vuelta es una necesidad, no una opción.

Love Anchor (foto arriba) es de los muchos lugares interesantes que bordean las callecitas de Canggu. Hay que rendir culto a este minorista *hipster*. (p. 40)

Estrenar un traje de baño diseñado en Bali de *boutiques* como **Indigo Luna,** en Canggu. (p. 45)

Conviene prepararse para la abundancia comercial de Seminyak y Kerobokan, con Jl Kayu Aya y Jl Kayu Jati en la zona cero. Valen la pena **Magali Pascal** y **Mercredi.** (p. 54)

Elegir el coco perfecto en el **Pasar Badung** (foto arriba), el mayor mercado tradicional de la isla, en Denpasar. (p. 108)

Ver el tradicional tejido *ikat* en el pintoresco taller de Sideman de **Pelangi Traditional Weaving.** (p. 133)

Capturar la Bali moderna con un vestido de un diseñador emergente en **Above the Clouds Natural Wear,** en Ubud. (p. 122)

Lo mejor para niños

Volverse loco en la fantasía acuática de **Waterbom,** el extenso parque acuático de Kuta con decenas de atracciones emocionantes, como Fast n' Fierce. (p. 64)

Comenzar a surfear temprano en **Pantai Kuta,** donde en un día los pacientes instructores enseñan a los jóvenes surfistas cómo ponerse de pie en la tabla. (p. 63)

No hay que temer dejarse arrastrar mar adentro en la **playa de Sanur,** que tiene 5 km de arena protegida por arrecifes y aguas tranquilas para dar cabida a los nadadores más pequeños. (p. 99)

Ir a los numerosos resorts aptos para niños de Nusa Dua, y dirigirse a la fina arena blanca de **Pantai Gegar** para refrescarse y relajarse. (p. 91)

Emocionarse con las monadas en el parque de juegos para primates del **bosque de monos de Ubud.** Hay que mantener las pertenencias a salvo mientras juegan los traviesos residentes. (p. 121)

Lo mejor gratis

Admirar los verdes al **caminar** por los exuberantes campos de arroz y los valles fluviales de Ubud. (p. 114)

No pagar nunca por ir a una **playa** de Bali; son gratuitas. Se paga algo por aparcar, pero la arena es de todos.

Dejarse deslumbrar por los mejores surfistas del mundo que se enfrentan a los rompientes Ulus, en **Pantai Suluban;** se ve gratis desde los acantilados. (p. 82)

Disfrutar de cada paso en el **paseo marítimo** de más de 5 km desde el aeropuerto hacia el norte, pasando por Kuta y Legian. Nunca aburre. (p. 60)

Sentir la emoción de los mejores espectáculos gratuitos de Bali, las **procesiones** diarias que cierran calles entre el sonido de los gamelanes y senderos de pétalos de hibisco.

Tres días perfectos

El secreto para disfrutar de Bali es bajar el ritmo y concentrarse en una zona al día. Conviene no abarcar demasiado en poco tiempo, pues el tráfico es un problema.

Pantai Bingin (p. 83).

▬▬ PRIMER DÍA ▬▬

Si solo se dispone de un día

MAÑANA

Se empieza en **Canggu** (p. 31) observando a los surfistas que llegan a la orilla mientras se toma un café en un local de la playa y se saluda al día en **Pantai Batu Bolong** (p. 38). Se exploran tiendas de moda como **Love Anchor** (foto arriba; p. 40) o **Cove Island Essentials** (p. 45).

TARDE

Se visita el **Pura Tanah Lot** (p. 34) a mediodía para introducirse al hinduismo balinés. Se va a **Pantai Berawa** (p. 38) el resto del día, y se visitan sus numerosos clubes de playa, como **Finns** (p. 38) y **Atlas** (p. 39).

NOCHE

Se cena en un restaurante de primera de Canggu: se va al sencillo **Warung Barokah 99** (p. 44) o se tira la casa por la ventana en **À La Folie Bali** (p. 44).

SEGUNDO DÍA

Un fin de semana

MAÑANA

Se conduce a **Ubud** (p. 111), parando
en el enciclopédico **Museo Negeri
Propinsi Bali** (foto arriba; p. 105)
en la concurrida Denpasar.
Se contemplan las vistas de los
arrozales al subir por las colinas.

TARDE

Se almuerza en el pintoresco **Yellow
Flower** (p. 124) de Ubud. Se **pasea**
(p. 114) por el campo: en unos minutos,
se dejan atrás las transitadas calles de
Ubud para disfrutar de una naturaleza
tranquila e infinitos tonos verdes.

NOCHE

Se asiste a una **actuación de danza
balinesa** (p. 116) en uno de los muchos
lugares impresionantes de Ubud.
Se cena tarde en un café balinés
como **In Da Compound** (p. 124),
o algo más elaborado en el exclusivo
Locavore NXT (p. 124).

TERCER DÍA

Una escapada

MAÑANA

Se baja a la península de Bukit para
ir a **Uluwatu** (p. 75). Se recorren los
cómicos senderos tortuosos que bajan
por el acantilado hasta la idílica **Pantai
Bingin** (p. 83), una franja escondida de
arena blanca con estupendas vistas.
Se pasa el rato en un café como **Lucky
Fish Lounge** (p. 85).

TARDE

Se va a los acantilados de Uluwatu
para contemplar a los surfistas de
primera que se enfrentan a los Ulus,
unas de las mejores olas del mundo,
en **Pantai Suluban** (p. 82).

NOCHE

A media tarde, se va al **Pura Luhur
Ulu Watu** (p. 80), otro de los templos
más importantes de Bali. Se disfruta
de las vistas del mar y se contempla
el **espectáculo de danza 'kechak'
al atardecer** (foto arriba; p. 81).

Prepararse

ANTES DE PARTIR

Tres meses antes
El resort, hotel o pensión para conseguir mejor precio y más opciones.

Un mes antes
Mesa para cenar en un restaurante de primera. Solo para los más famosos, como **Locavore NXT** (p. 124).

Una semana antes
Decidir cómo llegar a/desde el aeropuerto. Se puede concertar un transporte con el alojamiento.

Costumbres

Lugares de culto Hay que descalzarse y vestir con decoro al visitar mezquitas; hay que llevar *sash* y pareo en los templos.

Lenguaje corporal No hay que mostrar afecto en público ni hablar con los brazos en jarras.

Ropa Evítese mostrar demasiada piel. Las mujeres no deben hacer toples en la playa.

Fotografía Antes de tomar fotos de alguien, hay que pedirle permiso, aunque sea con mímica.

Ver, leer y escuchar

'The Act of Killing' (Joshua Oppenheimer; 2013) Documental sobre la masacre de comunistas en Indonesia en 1965.

'La isla de Bali' (Miguel Covarrubias; 1937) Libro clásico sobre Bali y su cultura que sigue sorprendiendo por su relevancia.

'Ancient Order of Bali' (Damn Interesting; 2023) Pódcast absorbente y bien producido que explica el sistema *subak* de riego de arrozales.

Información útil

Bebidas La cerveza indonesia es barata y fácil de conseguir. Bintang es la emblemática marca nacional, pero Singaraja, de Bali, está abriéndose paso. El vino y los licores están sujetos a altos impuestos y son caros. Pero Bali tiene un floreciente sector vinícola, y bodegas locales como **Sababay** (p. 133) tienen sorprendentes vinos buenos y asequibles.

Puesta de sol Desde Uluwatu, pasando por Kuta, Seminyak y Canggu, todo el mundo se detiene a ver este espectáculo. Algunos sitios como el Pura Tanah Lot se llenan demasiado. Es mejor disfrutar del atardecer desde las playas, donde se vende una cerveza lejos de las multitudes.

'Apps' Hay que descargarse las apps de Grab y Gojek para tener siempre a mano un viaje asequible y de fiar en coche o motocicleta.

PROPINAS

Los salarios en Bali son bajos y, aunque no se esperan propinas,
se agradecen mucho.

5-15%

Redondeo en la tarifa

10 000-20 000 IDR

Aprox. 10%

Cafés, bares y restaurantes

Taxis y trayectos

Hoteles
por buen servicio

Guías y vendedores en la playa

PRESUPUESTO DIARIO

Económico menos de 80 US$

- Habitación en pensión o casa de familia: **menos de 50 US$**
- Comida y bebida baratas en un *warung*: **menos de 5 US$**
- Playas: **gratis**
- Trayectos cortos: **5 US$**

Medio 80-250 US$

- Habitación en hotel de precio medio: **50–150 US$**
- Gran noche comiendo y bebiendo: **desde 30 US$**
- Tratamiento de spa: **20–40 US$**
- Coche y conductor: **60 US$/día**

Alto más de 250 US$

- Habitación en un hotel-*boutique,* villa o resort: **desde 150 US$**
- Noche lujosa: **desde 50 US$**
- Compras: **¡Mucho!**
- Coche con conductor y guía: **desde 100 US$**

Moneda
Rupia (IDR)

Idioma
Indonesio

Hora local
Hora de Indonesia Central (GMT/UTC +08:00)

CONSEJO

No llevar demasiado equipaje. Salvo artículos personales,
como los cosméticos o farmacéuticos seleccionados, en Bali
se puede comprar prácticamente de todo. ¿Por qué cargar
con ropa si se puede comprar en Bali moderna y elegante?

📅 Cuándo ir

No hay una mala época para visitar Bali, pues siempre hay un lugar seco en la estación lluviosa y uno tranquilo en temporada alta.

Al ser tropical, las lluvias suelen ser intensas un rato y no acostumbran a ser generalizadas: si llueve en Ubud, quizá no lo haga en Canggu.

En general, las temporadas intermedias de Bali (abr-jun; sep-oct) son épocas maravillosas para visitarla, ya que en los meses de mayo, junio y septiembre hace mejor tiempo (más seco, menos húmedo). No hay que descartar las temporadas bajas (ene-abr; oct-nov); que haya menos gente es una ventaja.

Eventos culturales

Los días y eventos especiales de Bali se celebran en toda la isla. El **Nyepi** (Día del Silencio; p. 71) celebra el Año Nuevo balinés. Se caracteriza por la inactividad, una estrategia para convencer a los espíritus malignos de que Bali está deshabitada. Toda la isla cierra, también el aeropuerto. Suele caer en marzo. La noche anterior, enormes figuras de *ogoh-ogoh* desfilan por las calles y luego se les prende fuego.

Galungan celebra la muerte del legendario tirano Mayadenawa. Las celebraciones culminan con la fiesta de **Kuningan,** donde los balineses dan gracias a los dioses. Los pueblos lo celebran a lo grande. Es una o dos veces al año, según el calendario balinés de 210 días.

El **Día de la Independencia** de Indonesia se celebra en todo el país para recordar el 17 de agosto de 1945, cuando se independizó de los neerlandeses. Las banderas ondean, hay desfiles y fuegos artificiales.

Clima

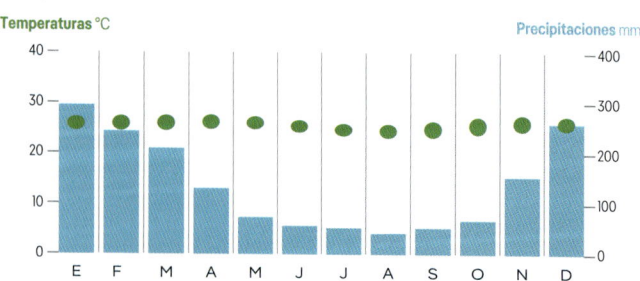

Temperaturas °C

Precipitaciones mm

I WAYAN SUMATIKA/SHUTTERSTOCK ©

Desfile de 'ogoh-ogoh', Denpasar.

Grandes eventos especiales

El **Festival de las Artes de Bali** (p. 108; med jun-med jul) es el principal evento del calendario cultural de Bali. Se celebran danzas tradicionales en Denpasar con las que los grupos de las aldeas compiten ferozmente por el orgullo local.

Bali Spirit Festival (p. 122) es un festival de yoga, danza y música muy popular en Ubud. Hay más de 100 talleres y conciertos, un mercado, etc. Suele ser en mayo.

El **Festival de Escritores y Lectores de Ubud** (p. 122; oct) es uno de los principales eventos literarios de Asia y presenta a decenas de escritores de todo el mundo en una celebración de la escritura, especialmente la que toca a Bali.

En la mejor época de surf de la costa oeste (abr-sep), hay enormes **festivales y concursos de surf** en Uluwatu, Kuta y Canggu. Los nombres de los eventos (y patrocinadores) cambian cada año, pero es probable coincidir con uno.

--- **CONSEJOS SOBRE ALOJAMIENTO** ---

La temporada alta en Bali es julio, agosto y las vacaciones de Navidad. Los precios de los alojamientos suben y los hoteles se reservan con mucha antelación. Para reducir los costes, se puede ir a zonas que no estén en la burbuja de Canggu, Seminyak, Uluwatu, Nusa Dua y Ubud. Conviene reservar lo antes posible y comparar.

✈ Cómo llegar

Casi todo el mundo llega al aeropuerto Ngurah Rai de Bali. Está cerca de las principales zonas turísticas y es de fácil acceso. Con un poco de planificación previa, se pasa rápidamente por inmigración y aduana.

Desde el aeropuerto

En taxi

No hay transporte público práctico entre el aeropuerto de Bali y el resto de la isla. Las opciones son simples: tomar uno de los taxis bastante caros del cartel monopolista del aeropuerto, o usar la aplicación Grab para conseguir transporte. Una vez en el aeropuerto, se espera para el trayecto en una zona especial. Atención con los precios de muchos conductores autónomos que rondan por allí: pueden ser abusivos.

Coche privado

Si se ha hecho un viaje largo para llegar a Bali, ofrece cierta tranquilidad tener organizado con antelación un traslado desde el aeropuerto. Casi todos los alojamientos lo ofrecen, y los precios suelen ser razonables. Solo hay que salir de la zona de llegadas del aeropuerto y buscar al conductor con un cartel con el nombre del viajero.

Cómo salir rápido del aeropuerto

Ahora es más fácil que nunca acelerar las antaño famosas colas de inmigración y aduana del aeropuerto.

Pasaporte Debe tener una validez de seis meses tras la fecha de llegada a Indonesia. Esta norma se aplica estrictamente. Y debe tener dos páginas en blanco en la sección de visados. Hay que utilizar las puertas automáticas a la llegada.

Visado Hay muchos tipos. Casi todos los turistas consiguen un visado a la llegada (VOA), que es válido 30 días y se puede prorrogar una vez. Se puede solicitar con antelación en línea (*molina.imigrasi.go.id*) para ahorrar esperas en las colas de visados del aeropuerto.

Aduana Hay que rellenar la declaración de aduanas en línea (*ecd.beacukai.go.id*) y mostrarla al empleado de aduanas.

Impuesto turístico Bali introdujo un nuevo impuesto turístico en el 2024 de 150 000 IDR. Se paga cada vez que un visitante internacional llega a Bali. El principal punto de pago es el aeropuerto, pero se puede comprar antes con la aplicación Love Bali.

Cómo desplazarse

Aunque Bali es pequeña, su elevada población y el flujo de visitantes hacen que su carreteras, ya de por sí inficientes, estén a menudo abarrotadas, sobre todo en el sur, donde un viaje corto puede durar una eternidad. Los taxis, viajes compartidos y paseos en moto son baratos. No hay transporte público efectivo, pero para distancias cortas caminar suele ser una opción agradable y eficiente.

'Apps' de transporte

Grab y Gojek son las dos *apps* de viajes más utilizadas en Bali. Ambas envían un coche o motocicleta al lugar deseado y dan un precio claro al destino (propina en efectivo del 10% aprox.).

Taxis

Si se para un taxi, hay que asegurarse de que ponga "Bluebird" en el vehículo. Los conductores son de fiar y usan taxímetro. Es más fácil pedirlos por la *app* MyBluebird. Hay que evitar los demás (incluso los pintados de azul) para evitar estafas y precios elevados. Nunca hay que aceptar un viaje en un vehículo sin cartel.

Coche de alquiler

Conseguir un coche y conductor para un viaje más largo (p. ej. de Canggu a Ubud) a través del alojamiento es una buena opción, y compartir el viaje y el coste con otros viajeros es una forma excelente de reducir los atascos y pagar menos. Muchos viajeros

--- **UNA 'APP' ESENCIAL** ---

Se puede usar la *app* de mapas que se desee para orientarse, pero no hay que fiarse de los tiempos de viaje optimistas.

CONSEJOS DE TRÁFICO

- Si se va a Nusa Dua, Sanur o Ubud desde el aeropuerto, se puede pedir al conductor que use la carretera de peaje. Si se muestra reacio por no pagar el peaje, se le puede ofrecer pagarlo.
- El tráfico en el centro de Ubud puede ser inmóvil. Conviene planificar los viajes fuera del período de 11.00-16.00, e intentar que lo dejen y recojan a uno en las afueras y entrar a pie.

alquilan un coche con conductor para un día de turismo.

Motocicleta

Es fácil alquilar motos (de todo, desde pequeños ciclomotores hasta *cafe racers* retro), se puede preguntar en el alojamiento. Las carreteras congestionadas y los residentes que suelen conducir como locos llegan a ser abrumadores para conductores inexpertos. Se pueden conseguir trayectos en moto (llamadas *ojek*) mediante *apps* o parándolas. Si se acepta un viaje en la calle, hay que acordar el precio antes (en una *app* se puede ver qué precio es justo).

Pasear

Se puede explorar fácilmente muchas zonas a pie, y recorrer cafés, restaurantes, tiendas, playas, etc. Es la forma responsable de desplazarse y además es agradable: solo hay que tener cuidado con las famosas aceras de Bali, que son irregulares y a menudo tienen peligros ocultos, como enormes baches. Lo mejor es ir a la playa para dar un agradable paseo lejos del tráfico.

Se puede seguir la arena en Canggu, Seminyak, Kuta, Nusa

Contratar un conductor

Es fácil conseguir un vehículo con conductor.
- Conviene pedir recomenda-ciones a otros viajeros.
- Un conductor solicitado a través de un alojamiento se siente más responsable.
- Hay que conocer antes al conductor y asegurarse de que hable suficiente inglés.

- Conviene acordar previamente el trayecto y el precio.
- Debe quedar claro que se quiere evitar restaurantes y tiendas para turistas, que quizá ofrezcan sobornos/comisiones a los conductores.
- Hay que pagar el almuerzo al conductor y ofrecerle tentempiés y bebidas. Quizá él desee comer en otro lugar para descansar.

Dua y Sanur. Ubud se disfruta mejor a pie. Otras zonas con buenos paseos son Denpasar, Klungkung y Sideman.

Lidiar con el tráfico

La mejor estrategia para lidiar con el terrible tráfico del sur de Bali es esperarlo, no temerlo, y tratar de ser paciente. Uno debe recordar que solo tiene que soportarlo lo que dure el viaje, a diferencia de los balineses. Lo mejor es alojarse donde se desee, vivir en la zona y visitar lo cercano a pie. También hay que ser realistas y añadir quizá una noche a las excursiones de un día.

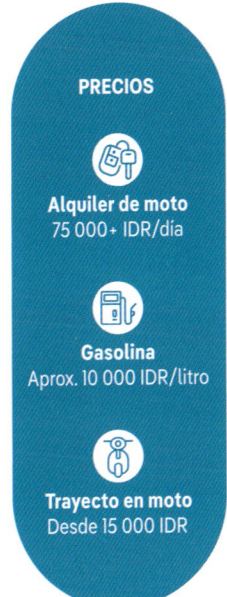

PRECIOS

Alquiler de moto
75 000+ IDR/día

Gasolina
Aprox. 10 000 IDR/litro

Trayecto en moto
Desde 15 000 IDR

LICENCIA Y CASCO

Para alquilar es imprescindible un permiso de conducir internacional válido para coche y/o moto. El casco es obligatorio.

AUTOBUSES PÚBLICOS POCO USADOS

Trans-Sarbagita (@trans_sarbagita) opera autobuses de cercanías (a.a.), más adecuados para residentes debido a la compleja red de rutas, aunque es raro ver pasajeros a bordo. Son prácticos para la circunvalación que une Sanur con Jimbaran y las rutas Denpasar-Jimbaran y Ubud-Denpasar. Otras rutas requieren transbordos, y el del aeropuerto no es práctico. Las tarifas económicas requieren aplicaciones de pago electrónico de Indonesia.

🎁 Otra cara de Bali

En todo Bali, los lugares y las experiencias más interesantes giran en torno a la cultura local. Es un deleite tras otro.

Ofrendas ceremoniales

A los dioses, antepasados, espíritus y demonios de Bali se les presentan ofrendas todo el día en señal de respeto y gratitud. Estos obsequios a seres superiores deben ser atractivos, y cada ofrenda es una pequeña obra de arte. La más común es una bandejita de hojas de plátano, artísticamente rematada con flores, comida, etc. Una vez presentada a los dioses, una ofrenda no se puede reutilizar, así que cada día hay nuevas, generalmente hechas por mujeres. Se dice que los dioses disfrutan al instante de la esencia de una ofrenda, así que los perros que suelen verse a su alrededor se conforman con las sobras.

Mercados tradicionales

Los *pasar* (mercados) son alegres y coloridos, con cestos cargados de fruta, verdura, flores, especias y variedades de arroz. Hay bandejas de pollos vivos y muertos, cerdos, sardinas, pasteles de colores, ofrendas preparadas y puestos que venden *es cendol* (colorida bebida helada de coco), *bubur* (gachas de arroz) o *nasi campur* (arroz con guarniciones) para desayunar.

Entre los mercados tradicionales están el **Pasar Kuta** (p. 64) en Kuta, **Pasar Pagi Desa Adat Legian** (p. 64) en Legian, **Pasar Badung** (p. 108; el mayor de Bali) en Denpasar y el extenso **mercado de Klungkung** (p. 129). Es mejor ir por la mañana.

'Penjor' en lo alto

Delante de las casas y en las calles hay enormes *penjor* (varas ceremoniales de bambú) decoradas. Los diseños son variados, pero siempre tienen la parte de arriba colgante, en honor a la cola del *barong* (mezcla de león y perro mítico) y con la forma del Gunung Agung. Las *sampian* (puntas) decoradas son exquisitas.

UN BALI DIFERENTE

De mayo a septiembre se vuelan **enormes cometas**; en Sanur se celebra el **Festival de Cometas de Bali** (p. 100).

Los turistas indonesios acuden a **Joger** (p. 63), Kuta, en busca de recuerdos tontos. Es la tienda más popular del sur.

En el **monumento Bajra Sandhi** (p. 108) de Denpasar hay dioramas que retratan la historia balinesa reciente.

Los misterios abundan en **Goa Gajah** (p. 122; cueva del Elefante) cerca de Ubud. ¿Es un demonio lo de la entrada? ¿Quién lo hizo?

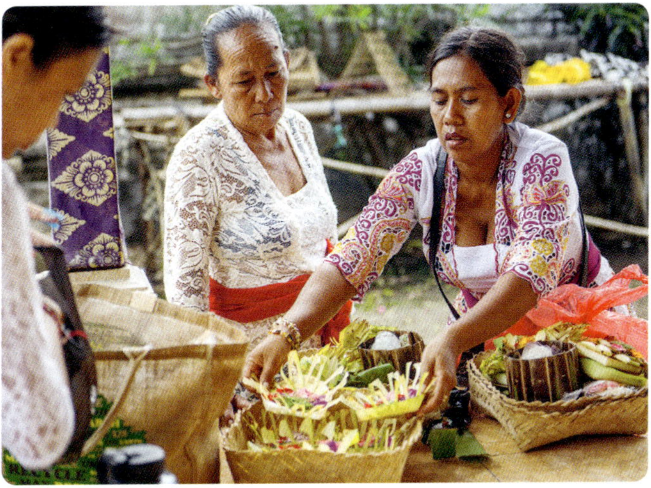

JULIUS BRAMANTO/SHUTTERSTOCK ©

Ofrendas ceremoniales, mercado de Klungkung (p. 129).

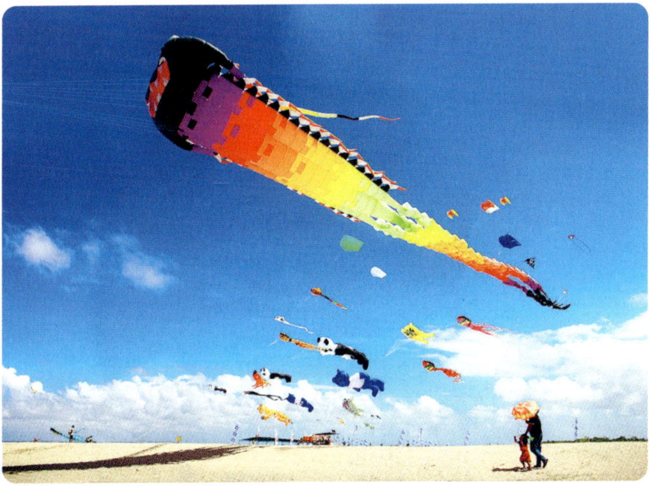

RIDO ZAEN/SHUTTERSTOCK ©

Festival de Cometas de Bali (p. 100), Sanur.

Explora Bali

Merece la pena

Circuitos a pie y en coche por Bali

Pura Luhur Ulu Watu (p. 80).
R.M. NUNES/GETTY IMAGES ©

Sugerencias de lugares para comer, beber y comprar en **p. 44**

Explora
Canggu y alrededores

Con su animado espíritu *hipster,* Canggu, en constante evolución, atrae a surfistas, nómadas digitales y turistas vanguardistas que intentan estar en la cresta de la ola, ya sea de la ropa de moda, de los locales de moda, o de una ola de verdad. Se ven atraídos por un ambiente tan atractivo de día como de noche, cuando las multitudes pasan de los clubes y cafés de playa a los restaurantes y bares.

La región de Canggu es la zona de más rápido crecimiento de Bali, debido en gran parte a la interminable playa que se extiende hasta el aeropuerto. Las villas privadas atraen a los expatriados, que pasan rápidamente junto a los pocos productores de arroz que quedan. El tráfico puede ser la venganza definitiva, ya que la construcción de carreteras lleva décadas de retraso respecto al desarrollo urbanístico.

Cómo desplazarse

Coche y motocicleta
El tráfico en Canggu tiene mala fama; en Jl Raya Canggu se tarda una hora en recorrer 10 km en coche. La opción más rápida con diferencia para la zona de Canggu es una escúter, ya sea alquilada o de *apps* de transporte compartido como Grab y Gojek (también tienen coches).

A pie
Es más fácil caminar con las nuevas aceras, pero mejor aún es ir por la playa de una punta a otra de Canggu.

LO MEJOR

VISTAS
Pura Tanah Lot (p. 34)

PLAYA PARA TODO
Pantai Batu Bolong (p. 38)

COMPRAS
Love Anchor (p. 40)

BIENESTAR
Samadi Bali (p. 41)

TEMPLO
Pura Taman Ayun (p. 43)

Pantai Berawa (p. 38).
WESTEND61/GETTY IMAGES ©

Véase ampliación

Pantai
Seseh
30

Jl Pantai Pererenan

49 **9**

17

47

44

40

Más información

Imprescindible ⭐ p. 34
Experiencias ⭐ p. 38
Comer ✖ p. 44
Beber 🍷 p. 45
Comprar 🛍 p. 45

Jl Pantai Batu Mejan

Jl Subak Catu

CANGGU

57

Pantai
Batu Mejan
6

Pura
Batu Mejan
7

Jl Pantai Batu Bolong

Hotel
Tugu
Bali

Pantai Munduk Catu **2**
45
43 **29**
58 **51**
1 **18**

Pantai Batu
Bolong

Pura
Tanah Lot
36

0 _____ 1 km

Pantai Sanja **32**

Pantai Nyanyi **51**

Pantai Mengening **34**

Pura Gede Luhur **33**
Batu Ngaus

Véase mapa
principal

19
38 35
39

500 m

1

22

Shocked
Dog Market 21
55

2

62

48

20 Love Anchor

Mojosurf
Camp
12
61
Radiantly 24
Alive

3

Jl Pantai Berawa

52

50

25 Practice

56
36

4

41
14
23 Serenity Eco
Guesthouse
27 Russ Gallery

10

16 59
42
8
28 60
46
53

5

13
Pantai
Nelayan

37

Atlas
Beach Club
5

38

6

Océano
Índico

3 Finns
Pantai 4 Beach Club
Berawa

54

Charlie Brown 11
Bali Surf Shop

Jl Pantai Kayu Putih

★ **IMPRESCINDIBLE**

Pura Tanah Lot

El **Pura Tanah Lot,** un destino popularísimo, tiene gran importancia espiritual para los balineses. Sin embargo, cuesta verlo en medio de las multitudes, el clamor y el caos, sobre todo por las sobrepublicitadas puestas de sol. Pero si se va en el momento adecuado y se tiene un poco de paciencia, visitarlo tiene su recompensa.

PLANO: P. 32 **A4**

CONSEJO

El secreto para visitar el Pura Tanah Lot es llegar antes de las 12.00: se evitan las multitudes y los vendedores aún están durmiendo. Se oye el canto de los pájaros en vez de los autobuses y las quejas de la gente.

Preparar el escenario

Con su ubicación espectacular sobre una plataforma de roca frente a la costa, el Pura Tanah Lot es el templo más visitado y fotografiado de Bali, pero a veces puede parecer tan auténtico como un escenario; incluso la imponente formación rocosa sobre la que se asienta es una artística reconstrucción, y más de un tercio de la roca es artificial. El feroz desarrollo es controvertido, ya que muchos balineses creen que las alturas de algunos de los nuevos resorts son una falta de respeto para el templo.

Un templo sagrado

Para los balineses, el Pura Tanah Lot es uno de los **templos marinos** (p. 80) más importantes y venerados, estrechamente asociado al sacerdote mayapajit Nirartha.

Se puede caminar hasta el templo con marea baja, pero no se puede entrar si no se es balinés, y se dice que en el sanctasanctórum viven dos serpientes sagradas. Si se siguen los senderos de los jardines, a lo largo del acantilado con vistas, se escapa de las multitudes y se disfruta de un ambiente más contemplativo. Hacia el oeste, por la pasarela, está el precioso **Pura Batu Bolong,** conectado a tierra por un puente natural de piedra.

MARIUS DOBILAS/SHUTTERSTOCK ©

Consideraciones prácticas

Para llegar al Tanah Lot, hay pasarelas que parten de los aparcamientos y atraviesan una feria con tiendas baratas de recuerdos, atracciones de animales y otras baratijas hasta el mar, en medio de chirriantes altavoces. Uno debe intentar que lo dejen y lo recojan al norte, en el pequeño Pura Batu Mejan, para evitar aglomeraciones.

En las horas punta antes y después de la puesta de sol hay atascos kilométricos, lo que hace preguntarse si merece la pena ir. Pero sí, principalmente porque el templo es un importante lugar espiritual que emana una belleza inherente, así como el entorno. Si se llega mucho antes de la puesta de sol, la experiencia es mágica, si se evita el jaleo del mercado.

UN CAFÉ
Es mejor no comer en el mercado y probar uno de los cafés del acantilado. No hay lugares para almorzar, pero se puede tomar un café matutino mientras se saborea la vista.

CIRCUITO A PIE

Paseo por Canggu

Este glorioso paseo lleva por todas las playas famosas de Canggu, de Pantai Berawa a Pantai Pererenan. Las olas y los surfistas son una constante a la izquierda. A la derecha, se pasa por icónicos clubes de playa, tranquilos cafés familiares, algunos templos, y algún que otro barco de pesca.

INICIO	FINAL	DURACIÓN
Pantai Berawa	Pantai Pererenan	3 km; 3 h

Jl Pantai Pererenan

FINAL
6

La Brisa
5
Pura Batu
Mejan

Jl Pantai Batu Mejan

Jl Subak Catur

Times
Beach
Warung
4

Jl Pantai Batu Bolong

CANGGU

3   Old Man's

Jl Nelayan

2

Océano
Índico

Jl Pantai Berawa

Finns
Beach Club
1

INICIO

N   0   1 km

1 **Suave y agreste**

La punta del sureste de la zona de Canggu, en **Pantai Berawa** (p. 38), está separada de Seminyak y del sur por un ancho río que solo se cruza fácilmente en la estación seca (o si se está dispuesto a chapotear por las olas). Al noroeste de la playa, los cafés de bambú dan paso al ruido y los destellos de locales donde se va a ser visto, como el **Finns Beach Club** (p. 38).

2 **Encontrar la calma**

Una colección de barcos de pesca y cabañas caracteriza **Pantai Nelayan** (p. 40), un tranquilo tramo de arena que ofrece un respiro tras tantos clubes de playa. Aun así se encuentran lugares con cervezas y tumbonas.

3 **La playa más popular**

Siempre concurrida, **Pantai Batu Bolong** (p. 38) está vinculada al legendario punto de reunión de **Old Man's** (p. 40) y a una dinámica mezcla de gente. Vendedores y cafés dan servicio a las tumbonas que tapizan la arena. Para disfrutar de una experiencia elevada, hay que probar el **Times Beach Warung** (p. 44) o caminar por Jl Batu Bolong para ver todo lo que ofrece Canggu. Incluso se puede recibir una clase de surf improvisada.

4 **Mirar a los surfistas**

Siguiendo hacia el noroeste, en **Pantai Munduk Catu** (p. 38), la costa se abre y todo parece más espacioso. Si uno ignora las grúas, puede deleitarse en la arena casi vacía y, si se tumba, verá cómo algunos de los mejores surfistas de Bali abordan los desafiantes rompientes.

5 **Templo clave**

En **Pantai Batu Mejan** (Echo Beach; p. 39), el importante **Pura Batu Mejan,** en constante expansión, domina la playa que lleva su nombre. Un puente cruza el pequeño río entre este y Pantai Munduk Catu. Si es temprano, se verá a mujeres balinesas dejar coloridas ofrendas; más tarde el color vendrá de la alfombra de sombrillas y enseres de playa.

6 **Esperar el atardecer**

Al oeste se ven las palmeras del club de playa **La Brisa** (p. 45), y se puede caminar por las reveladoras huellas de las **tortugas de mar** que ponen huevos hasta **Pantai Pererenan,** bordeada de cafés familiares y *warungs* (puestos de comida) que se llenan al atardecer. Hay que buscar la colorida estatua de Dewa Baruna, señor del océano, montado sobre Gajah Mina, el pez hindú con cabeza de elefante.

Ir a la playa más popular de Canggu

PLAYA

PLANO: **1** P. 32 **D4**

Pantai Batu Bolong es la playa más popular de Canggu. Hay algo para todos en estas arenas grises y sus alrededores. Cabañas de madera, cafés en la playa, tumbonas y sombrillas se alinean en la arena entre Jl Nelayan y Jl Batu Bolong. En este concurrido lugar de surf se concentran varios locales siempre llenos, como Old Man's (p. 40).

Por lo general hay una buena mezcla de lugareños, expatriados y visitantes en los cafés, surfeando o contemplando todo desde la arena. Desde allí hay un corto paseo a las otras **playas** (p. 36) de la zona.

Surfear los rompientes de Canggu

SURF

PLANO: **2** P32 **D4**

Quizá **Batu Bolong** esté por debajo de los mejores rompientes de arrecife de Indonesia, pero la playa es posiblemente la más emblemática del país para el *longboard*.

Conocido en la zona como "Old Man's" (por el atestado lugar de fiesta que hay cerca de la playa), en el rompiente de playa se crea una zona media lenta y de tránsito que parece hecha a medida para el *longboard*.

A unos minutos al oeste de Batu Bolong hay un tramo de grandes olas que llevan a **Pantai Munduk Catu.**

Allí hay olas bien formadas, tanto para *longboard* como para tabla corta, pero son ideales para surfistas más experimentados que se ven atraídos por las caras más empinadas y las rocas intimidantes, lo que mantiene alejadas a las multitudes.

En las playas de Canggu se alquilan tablas de todos los tamaños (50 000 IDR/1,5 h aprox.)

Tomar el sol en Pantai Berawa

FIESTA EN LA PLAYA

PLANO: **3** P32 **F6**

El ruido sordo de los graves de los excelentes sistemas de sonido hace zumbar a **Pantai Berawa.** La gris arena volcánica ("Brawa Beach" en los carteles) tiene una gran cantidad de cafés y bares de playa populares y de moda, y es un lugar estupendo para **clases de surf** (p. 40). La playa desciende abrupta hacia un agua espumosa y, dominando todo, detrás del inmenso y palpitante Finns Beach Club, se encuentra la vasta propiedad del *fashionista* Paul Ropp. Junto al Finns está el Atlas Beach Club. Sin embargo, hay algo de tranquilidad en la parte suroeste (lugar favorito de los dueños de perros y de quienes contemplan el atardecer) donde reinan los cafés de playa y el rugido de las olas.

Fiesta en los clubes de playa de Berawa

CLUBES DE PLAYA

El **Finns Beach Club** (PLANO: **4** P. 32 **F6**), en Pantai Berawa, es un local de fiesta donde transcurren días y noches de hedonismo. Para los entendidos, esto es el paraíso: los DJ crean ambiente mientras los clientes piden bebidas desde las barras de la piscina, patinadores en pantalón corto retro se mueven entre las piscinas, y unas figuras con bolas brillantes en vez de cabezas bailan echando chispas. Con hasta 5000 personas de fiesta, nunca hay un momento aburrido. La entrada es gratuita, pero hay que gastar un dinero considerable para conseguir un diván, en proporción al grado de exclusividad que se desee (hay zonas VIP). Los nueve bares (y los chupitos ambulantes) mantienen a los clientes bien hidratados, mientras que los restaurantes se encargan del picoteo.

Al noroeste, el **Atlas Beach Club** (PLANO: **5** P. 32 **F5**) es aun mayor, pero tiene un ambiente más parecido a Ibiza o Mykonos. Aun así, los eventos especiales atraen a DJ de primera, y tiene suficientes pantallas de vídeo como para rivalizar con un estadio.

Surf y puesta de sol en Pantai Batu Mejan   SURF

PLANO: **6** P32 **C3**

Pantai Batu Mejan, también conocida como Echo Beach por un bar de playa desaparecido hace mucho, cuenta con uno de los mejores lugares de Bali para el surf. Los surfistas acuden en masa a los arcos de bambú del elegante club de playa

'BRUNCH' AL ESTILO DE CANGGU

El *brunch* es una tradición de fin de semana (casi un estilo de vida) de Manhattan a Melbourne, y en Canggu también. Pero el *brunch* en este tranquilo rincón de Bali no es solo para los fines de semana, sino una pasión diaria.

Si bien abundan los restaurantes que sirven el cruasán perfecto, muesli o un plato con las palabras "Benedict" o "açaí", hay tres lugares esenciales: **Milk & Madu** (PLANO: **8** P. 32 **G5**), **Brunch Club Pererenan** (PLANO: **9** P. 32 **C2**) y **Hungry Bird** (PLANO: **10** P. 32 **F4**). Todos se llenan, y con razón, así que hay que hacer cola.

bohemio La Brisa (p. 45), o a uno de los cafés de playa familiares, a contemplar el espectáculo. Hay mucho que ver, gracias a las olas de izquierda con marea alta que allí suelen alcanzar los 2 m. La arena de delante del terreno urbanizado desaparece con pleamar, pero hay amplias playas al este y al oeste. Pantai Batu Bolong está a solo 500 m al este.

Lo domina todo el centenario complejo del **Pura Batu Mejan** (PLANO: **7** P. 32 **C4**), en constante expansión gracias a la riqueza aportada por el turismo. Aunque todas las playas de Canggu son populares al atardecer, estas arenas combinan los atractivos del surf con el ocaso, las evocadoras vistas al oeste y un local para todos los gustos y estilos donde tomar algo al anochecer.

Aprender a surfear   CLASES DE SURF

Hay clases de surf a medida en todas las playas de Canggu (350 000 IDR o más). Para algo más organizado, **Charlie Brown Bali Surf Shop** (PLANO: ⓫ P. 32 **F6**) está en un tramo más tranquilo de Pantai Berawa (p. 38) y se gana elogios de clientes satisfechos que llegan con aversión a la tabla y terminan sobre una ola al final del primer día. Su cabaña en la arena con techo de bambú tiene un ambiente divertido.

Para estudiantes serios, **Mojosurf Camp** (PLANO: ⓬ P. 32 **E3**) ofrece cursos intensivos que incluyen alojamiento y transporte. A los principiantes les gusta **Pantai Nelayan** (PLANO: ⓭ P. 32 **E5**) por su ubicación. Vale la pena visitarla, pues es más tranquila que la siempre popular Pantai Batu Bolong (p. 38).

Moverse al ritmo de Canggu   MÚSICA EN DIRECTO

Canggu cuenta fácilmente con la colección de lugares más diversa y atractiva de Bali para oír música en vivo, desde escondites íntimos hasta estruendosos clubes de playa. **Gimme Shelter Bali** (PLANO: ⓮ P. 32 **E4**) es un bar de *rock* con música en vivo casi todas las noches.

Siempre huele a humanidad. El bar secreto que gusta a todos y todos conocen es el modernísimo **Peels Records & Bar** (PLANO: ⓯ P. 32 **D1**), con un característico ambiente retro. **Lusa By/Suka** (PLANO: ⓰ P. 32 **F4**), más suave, tiene música acústica en vivo muchas noches.

Aunque **Shady Fox** (PLANO: ⓱ P. 32 **D2**) sea una coctelería, los DJ y la música en directo son lo principal. Casi en la playa de Batu Bolong, el legendario **Old Man's** (PLANO: ⓲ P. 32 **D4**), con su amplia selección de bebidas, es un estupendo lugar de fiesta al anochecer.

Por último, la sensación **Deus Ex Machina** (p. 44), tan moderno como Canggu (que es muy moderno). Uno va por la música en directo y se vuelve a casa con un corte de pelo y un tatuaje.

Comprar originalidades   MERCADOS

Los mercados de artesanía, comida preparada, productos ecológicos, tónicos de salud, novedades poco convencionales y mucho más causan furor los sábados y domingos en Canggu.

El más importante es **Love Anchor** (PLANO: ⓴ P. 32 **E3**). Construido en un estilo tradicional *joglo* (casa javanesa), este complejo repleto de madera y palmeras es una combinación de comercio *hipster,* comida y tiendas. Uno puede relajarse con una Bintang o recargar energías con *pizzas,* hamburguesas, batidos y comida vegana antes de curiosear las *boutiques,* puestos con personalidad y tiendas de surf.

Hay que buscar el altísimo cartel retro de neón de **Shocked Dog Market** (PLANO: 21 P. 32 F1). Su selección es poco convencional y está llena de sorpresas. El **mercado dominical** de Samadi Bali (PLANO: 22 P. 32 F1) está en el supermercado ecológico homónimo y tiene una ecléctica variedad de comida y artesanía. No hay que perderse el helado.

Hacer la postura del perro boca abajo   YOGA

La frenética Canggu se asemeja a Ubud en su devoción por todo lo relacionado con el yoga. Hay algo para todos, de principiantes a yoguis de toda la vida, de *hippies* a *hipsters.* Cerca de Pantai Nelayan, **Serenity Eco Guesthouse** (PLANO: 23 P. 32 E4) es un sencillo resort de yoga familiar, basado en la permacultura, que ofrece ocho clases al día, incluido yoga aéreo.

Samadi Bali es un tranquilo centro de yoga y bienestar (y una *boutique,* supermercado y restaurante) que ofrece clases a lo largo del día. En este encantador espacio trabajan diferentes sanadores y terapeutas.

Desde su ubicación en una azotea ventosa y cubierta de bambú en Jl Nelayan, **Radiantly Alive** (PLANO: 24 P. 32 E3) ofrece amplias vistas, así que hay que ir a una clase de yoga al atardecer. Otro espacio popular es **Practice** (PLANO: 25 P. 32 E4), en Jl Pan-

EL PLATO FAVORITO DE BALI

El babi guling es el plato balinés por excelencia, ya sea para una comida rápida o como parte de una ceremonia. Se rellena un cerdo entero con especias, como guindilla, cúrcuma, jengibre y ajo, se pringa con cúrcuma y aceite de coco, y se ensarta en un asador de madera sobre el fuego. Tras horas girando, la carne ahumada y marinada se sirve con chicharrones y arroz. Muchos *warungs* están especializados en *babi* (tienen la foto de un cerdo ensartado colgada fuera), pero **Babi Guling Men Lari** (PLANO: 19 P. 32 F1) de Canggu se considera uno de los mejores.

tai Batu Bolong. Puede parecer de estilo moderno, pero todas las clases tienen sus raíces en el *hatha yoga* tradicional. Es un espacio poderoso y arraigado.

Casi todos los estudios proporcionan esterillas y bloques, y, en general, no es necesario reservar la clase con antelación.

Descubrir arte   GALERÍAS

Todo tipo de tiendas y *boutiques* elegantes y de moda salpican las concurridas calles de Canggu. Lo más notable es el creciente número de galerías que exponen obras de artistas balineses e internacionales. Muchas tienen exposiciones especiales regularmente, y ofrecen una alternativa ideal a pasar más tiempo en una playa idílica (o un refugio cultural durante una tormenta).

No muy lejos de Pantai Batu Mejan (p. 39), el **Museum of Space Available** (PLANO: 26 P. 32 **FI**) hace honor a lo que promete su nombre, con una amplia variedad de exposiciones en constante cambio que deleitan y desafían. La más bien nueva **Russ Gallery** (PLANO: 27 P. 32 **E4**) en la tranquila Pantai Nelayan (p. 40) es elogiada por su compromiso con los jóvenes artistas balineses. Muchas de las obras destacan con sus audaces representaciones de la vida y la naturaleza locales.

Medium (PLANO: 28 P. 32 **G5**), en un animado tramo de Jl Pantai Berawa, mezcla ingeniosos artículos de menaje con obras de algunos de los mejores pintores de Bali.

Visitar una histórica avanzadilla cultural

HOTEL HISTÓRICO

PLANO: 29 P32 **D4**

Canggu no es muy balinesa, pero cuenta con un bastión de la tradición y la cultura locales, el **Hotel Tugu Bali.** Propiedad de un coleccionista de arte indonesio, está impregnado de la historia y las tradiciones del archipiélago. Entrar en este edificio repleto de antigüedades supone un evocador viaje a la Indonesia de antaño, y

experiencias como la danza balinesa, las clases de cocina, las cenas ceremoniales y los tratamientos tradicionales de *spa* ofrecen una oportunidad de conectar con la cultura local. No hay que perderse el museo Bale Puputan del hotel, con una colección de objetos de la guerra de Bali de 1906 contra los neerlandeses (p. 129).

Explorar playas más tranquilas

PLAYAS TRANQUILAS

PLANO: 30 P32 **A2**

El frenético desarrollo turístico de Canggu se extiende hacia el oeste, de Pantai Berawa (p. 38) al Pura Tanah Lot (p. 34) y alrededores. Pero al noroeste de Pantai Pererenan (un lugar abrasador con locales modernos), hay aún calas de arena que recuerdan a una Bali más tranquila, al menos por ahora. Se puede acceder por cualquiera de las muchas carreteritas que bajan a la arena, pasando por delante de las florecientes urbanizaciones de villas de los arrozales.

Más cercana a la zona de Canggu, **Pantai Seseh** es una ancha playa de arena con muchas villas y cafés frente al agua ideales para ver surf y atardeceres. Es fácil alquilar tumbonas en la playa. Los enormes complejos turísticos planificados han provocado mucha oposición de la comunidad por su tamaño y arquitectura: algunos parecen violar la regla local de que ningún edificio debe ser más alto que una palmera.

Atardecer en un templo tranquilo

TEMPLO HINDÚ

La zona conocida como Cemagi ofrece una maravillosa excursión de 20 minutos desde Canggu y las concurridas playas del sureste. El **Pura Gede Luhur Batu Ngaus** (PLANO: **33** P. 32 **B6**) se asienta sobre un espectacular afloramiento de roca de lava negra que sobresale entre las olas. Tiene los elementos clásicos de un templo balinés, y parece una versión en miniatura del Tanah Lot, que está 3 km al noroeste. Al sureste, hay varios sencillos *warungs* que sirven bebidas y aperitivos en mesas junto al acantilado. Las vistas de la imponente costa son amplias y, dejando a un lado el tráfico, es un lugar estupendo al atardecer, especialmente a lo largo del **sendero del acantilado,** al sureste de la carretera costera. Al norte del templo está **Pantai Mengening** (PLANO: **34** P. 32 **B6**), un magnífico rincón de arena negra para pasar la tarde.

El acceso por carretera es un problema en Cemagi, con embotellamientos y carreteras estrechas que desaparecen cerca del mar. Las motos son mejores para desplazarse.

Un templo extraordinario

TEMPLO HINDÚ

PLANO: **35** P32 **G1**

Uno de los templos más gratificantes es el **Pura Taman Ayun,** un hermoso lugar de

LUGARES MÁS TRANQUILOS

Se está urbanizando mucho el norte de Sungai Jeh Poh. Por ahora, las playas de **Pantai Nyanyi** (PLANO: **31** P. 32 **B5**) y **Pantai Sanja** (PLANO: **32** P. 32 **B5**), a 8 km de Pantai Seseh, son preciosas extensiones de arena oscura que están esperando ser disfrutadas.

calma envolvente. Este enorme templo real sobre el agua en Mengwi, 11 km al norte de Canggu, está rodeado por un foso ancho y elegante. Fue el templo principal del reino Mengwi, que sobrevivió hasta 1891 antes de ser conquistado por reinos vecinos. El complejo se construyó en 1634 y se renovó en 1937.

El primer patio es una extensión de césped. El *jeroan* (patio interior) está protegido por un muro bajo, que, cosa rara en Bali, permite ver fácilmente los evocadores *meru* (santuarios con múltiples techos) del interior. El paseo bordeado de canales en torno al *jeroan* es una delicia.

Los estanques del templo están cubiertos de lotos y a la sombra de franchipanes, y el templo es parte del sistema de riego de arrozales *subak,* reconocido por la Unesco. La entrada incluye un pequeño museo y un vídeo excelente.

Lo mejor para...

 Económico   Medio   Alto

Comer

Comida indonesia

Warung Barokah 99
36 H4
Comida tradicional en la zona más concurrida de Canggu. *10.00-22.00*

Warung Sunshine
37 F5
Este restaurante en una azotea sirve clásicos indonesios y platos occidentales. *8.00-22.00*

Made's Warung Berawa
38 G5
Parques infantiles interiores y exteriores, guardería y eventos para niños. *8.00-22.00*

Vegetariana

Oma Jamu
39 G1
Restaurante asequible con un buen desayuno vegano de bufé hasta las 11:00 y platos combinados después. *8.00-22.00*

Shady Shack
40 D3
Café con una extensa carta de comida vegana y vegetariana; desayunos todo el día y platos para compartir. *8.00-22.00*

Kynd Community
41 E4
Propiedad de la chef de televisión Lauren Camilleri y 100 % de origen vegetal; uno va a desayunar y se queda al curso de cocina de Kynd. *8.00-22.00*

Neighbourhood Food
42 F5
Café humilde y conmovedor que apoya a productores y artesanos locales. Buena selección para veganos. *8.00-22.00*

Cena frente a la playa

Times Beach Warung
43 D4
Cafetería tranquila y de propiedad local que recibe el amanecer y es ideal para tomar café. *6.00-20.00*

Hippie Fish
44 B3
Restaurante elegante frente a la playa con bar

Localizaciones en el plano de la **p. 32**

en la azotea; carta de inspiración mediterránea. *8.00-22.00*

Yuki
45 D4
Elegante restaurante japonés con vistas a la playa. Magnífica comida y platos vegetarianos. *11.00-22.00*

La Folie Bali
46 E5
Acogedor restaurante en una azotea con cocina de alta gama. También abre de día; hay piscina. *10.00-19.00*

Comidas magníficas

Arte
47 B2
Cerca de Pantai Pererenan; sabrosa comida italiana con un apropiado ambiente tropical; uno puede quedarse a las exposiciones de artistas locales y al *jazz* en directo. *10.00-23.00*

Deus Ex Machina
48 E3
Junto a la tienda de estilo de vida Deus, el café homónimo sirve excelente comida informal. *8.00-tarde*

Pescado Bali
49 C2

La cena es una experiencia culinaria memorable en esta pequeña marisquería española. *11.00-22.00*

Beber

Café indonesio
Anomali Coffee
50 H4

Especializado en café de Indonesia, además de buenos desayunos, comidas y cenas. *6.00-18.00*

Kawisari Coffee Farm Shop & Eatery
51 D4

Hay que probar el café hecho a la manera tradicional indonesia; se cultiva en la granja del dueño (fundada en 1870) en el este de Java. *8.00-20.00*

Satusatu
52 H3

Los Sudana producen café desde 1985 usando tradiciones agrícolas de varias generaciones atrás. *8.00-16.00*

Good Mantra
53 H5

Cómodos sofás y rincones en los que relajarse, charlar o tomar un buen café. Almuerzos vegetarianos. *8.00-20.00*

Bebidas hermosas
Behind the Green Door
54 H6

Bar clandestino íntimo y exclusivo de fin de semana conocido por sus cócteles y licores bellamente presentados, con música hasta altas horas. *18.00-4.00, vi y sa*

Black Sand Brewery
55 G1

Se elaboran cervezas artesanales *in situ,* y tienen IPA de Black Sand, Kölsch, *pilsner* y *ales* de barril, entre otras. *12.00-24.00*

Club Soda
56 H4

Iluminación ambiental tras la barra y cócteles ingeniosos (hay que pedir algo con la adictiva piña seca). Buenos tentempiés. *18.00-1.00*

Bebidas frente a la playa
La Brisa
57 C3

En este club de playa de estilo bohemio se puede beber en la arena o en su fantasía de bambú. *10.00-23.00*

Lawn
58 D4

DJ en este club de playa íntimo y elegante. Perfecto para cuando uno esté listo para algo más que una almohada en la arena. *10.00-22.00*

Comprar

Productos de fabricación local
Dylan Board Store
59 F4

El domador de olas grandes Dylan Longbottom regenta esta tienda de tablas de surf a medida. Es un moldeador talentoso que crea tablas para principiantes y profesionales. *10.00-20.00*

Cove Island Essentials
60 H5

Ropa informal de diseño y producción locales. La estética relajada gira en torno a Bali. *10.00-20.00*

Indigo Luna
61 E3

Esta marca de Bali destaca por su ropa informal. Los trajes de baño encajan con el ambiente local. *10.00-20.00*

Crate Concept
62 F2

Moda atrevida para mujer, de diseño y confección locales, junto al café homónimo. Algo más que simples prendas informales. *8.00-14.00, ju-ma*

Sugerencias
de lugares para
comer, beber
y comprar en
p. 56

Explora
Seminyak y Kerobokan

La fabulosa Seminyak es el centro vital de las hordas de expatriados de la isla, muchos de los cuales poseen *boutiques,* diseñan ropa, surfean o parecen no hacer nada. También es un destino popular entre viajeros, con numerosos restaurantes, clubes y tiendas de diseño. Hoteles de primera bordean la playa, tan ancha y arenosa como la de Kuta, pero menos concurrida y más fina que la de Canggu.

Kerobokan se fusiona perfectamente con Seminyak, cuya frontera exacta es tan difusa como casi todos los detalles geográficos de Bali. En Kerobokan se encuentran algunos de los mejores restaurantes y tiendas de Bali, además de villas muy lujosas.

Cómo desplazarse

 A pie

Las aceras suelen estar en buen estado, y caminar es un modo excelente de explorar la zona, sobre todo si se va de compras. La playa también es una buena manera de desplazarse rápido. El extremo sur de la playa de Seminyak cuenta con un paseo pavimentado: se puede pasear hasta Kuta.

 **Escúter**

Las motocicletas sortean fácilmente el tráfico, pero quizá cueste aparcar. *Apps* como Grab y Gojek evitan la molestia de buscar taxi. Los atascos son antológicos.

LO MEJOR

PLAYA
Pantai Batu Belig (p. 52)

CLUB DE PLAYA
Potato Head (p. 52)

COMIDA LOCAL
Pasar Kerobokan (p. 53)

ESCUELA DE COCINA
Nia Cooking Class (p. 54)

'SPA'
Bodyworks (p. 55)

Playa de Seminyak.
JOKOLEO/GETTY IMAGES ©

Jl Batu Belig

1 Pantai
Batu Belig

KEROBOKAN

Jl Petitenget

2

Alila Seminyak
Playa de
Kerobokan

3 Pura Petitenget
Pura Masceti

Bodyworks

Jl Kayu Jati

Jl Braban

Jl Pura Telaga Waja

Spring
Spa

Jl Pangkung Sari

Jl Kayu Aya (Jl Laksmana)

4 Nia Cooking
Class

Teluk
Kuta

5

Más información

Experiencias ⭐ p. 52
Comer 🟢 p. 56
Beber 🔵 p. 56
Comprar 🔴 p. 57

Jl Sarinade

Jl Camplung Tanduk

Playa de
Seminyak

6

N 0 ————————— 500 m

48

E
30 Jl Petitenget
42
7

F
40

G
8
Jl Gunung Tangkuban Perahu

H

1

Jl Raya Kerobokan

Jl Raya Mertanadi

44

2

41

10

27
15 51 48
20
Jl Oberoi

Jl Sunset

49

3

Jl Drupadi

Jl Basangkasa

Jari Menari
19

43

4

Jl Kunti

Jl Drupadi

33

SEMINYAK

(Jl Dhyana Pura & Jl Abimanyu)
23

Jl Raya Seminyak

Jl Plawa

13

12

Jl Sunset

5

Tukad Mati

Lagoon Spa
18

6

31
32
Jl Arjuna (Jl Double Six)

Jl Nakula

E

F

G

H

Paseo por Seminyak

La playa de Seminyak se encuentra a medio camino del suave arco que va del aeropuerto hasta casi el Pura Tanah Lot. Abarca desde la concurrida playa Double Six, pasando por chiringuitos, clubes de playa y amplias extensiones, hasta Pantai Batu Belig. Debido al tráfico, la playa es más que un hermoso paseo: es un modo excelente de desplazarse rápido.

INICIO	FINAL	DURACIÓN
Playa Double Six	Pura Dalem Segara Bias Saud	3,2 km; 2 h

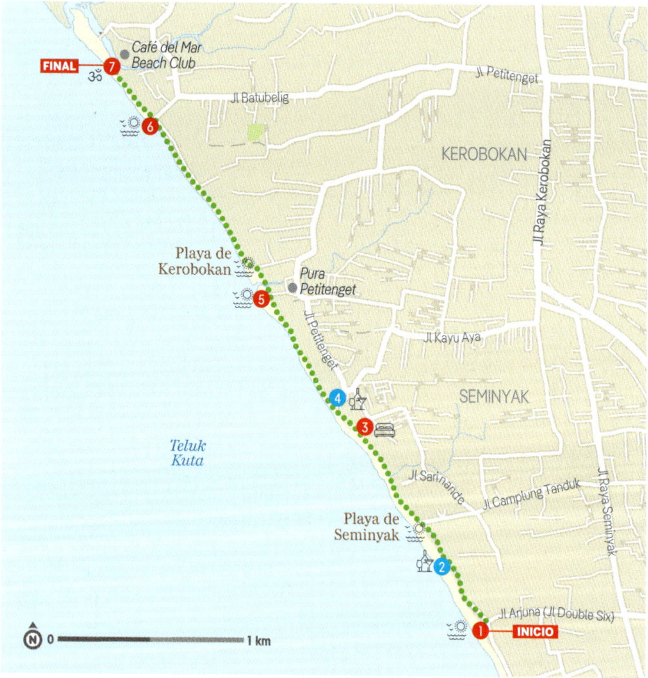

❶ La playa más animada

El magnífico paseo marítimo pavimentado que comienza junto al aeropuerto y atraviesa Kuta y Legian sigue hasta Seminyak por la **playa Double Six.** Siempre hay animación, como aprendices de surf, familias que juegan a la pelota en la arena o parejas que se sacan selfis con el mar de fondo. Los chiringuitos sirven bebidas todo el día.

❷ Un carnaval de delicias

Se toma el camino hacia el norte que va a **La Plancha** (p. 56), donde en el trayecto se encontrarán vendedores de pareos, pulseras, altavoces, juegos de cartas, cometas o gafas de sol. Hay mujeres que pasan entre las tumbonas y ofrecen masajes, manicuras, trenzas y tatuajes de *henna*. Según anochece, los chiringuitos se preparan para la puesta de sol sacando coloridos pufs y colgando luces bajo las sombrillas.

❸ Maravilloso retiro en el Oberoi

El paseo pavimentado termina tras un pequeño puente sobre un arroyo. Allí se descubre el bello, discreto y muy copiado **Oberoi,** un refinado refugio de estilo balinés junto a la playa abierto desde 1971. Sigue siendo tan exclusivo que la playa de delante parece privada e intacta.

❹ El club de playa original

Más al norte uno comprende por qué Seminyak es venerado por sus clubes de playa: el pionero **Ku De Ta** (p. 55) lleva dos décadas ofreciendo diversión glamurosa en la playa. La arena poco poblada que comenzó en el Oberoi continúa estando allí. Los vendedores ofrecen tranquilas tumbonas al sol.

❺ Una playa sagrada

La siguiente es **Pantai Petitenget,** escenario de ceremonias de purificación periódicas, con el **Pura Petitenget** (p. 52) justo al lado de la arena.

❻ Cocos y surf

Se sigue al norte desde Pantai Petitenget para llegar a **Pantai Batu Belig** (p. 52), un lugar tranquilo donde sorber un coco y contemplar a los surfistas.

❼ Un templo tranquilo

Se termina en el pequeño Pura Dalem Segara Bias Saud. El río que desemboca en el mar complica continuar la caminata hasta **Pantai Berawa** (p. 36) y Canggu, pero se puede tomar la pequeña pasarela que hay detrás del templo y cruzar sobre la laguna hasta el Café del Mar Beach Club, donde se puede hacer autostop (la calle de allí a Canggu no es apta para peatones) y luego seguir la caminata.

Disfrutar de la mejor playa de Seminyak
PLAYA

La parte norte de la playa de Seminyak es maravillosa y tranquila. Allí, en **Pantai Batu Belig** (PLANO: **1** P. 48 **A1**), se puede alquilar una sombrilla y una tumbona, comprar un coco o una Bintang fría a uno de los vendedores de la playa y contemplar el entorno y el transcurrir del día.

La arena se estrecha, pero hay buenos lugares para tomar una copa, tanto grandiosos, como el hotel de alta gama **Alila Seminyak** (PLANO: **2** P. 48 **B3**), como sencillos, como el favorito de los expatriados **Warung Pantai** (PLANO: **3** P. 48 **A2**). Con asientos hasta la arena y una gran cantidad de sillas desparejadas, el Pantai es uno de los muchos chiringuitos que bordean la playa al norte del W Bali. Se disfruta de bebidas baratas, zumos de fruta fresca y buena comida indonesia.

Esta playa es un secreto para los fanáticos de la puesta de sol.

Sumergirse en Potato Head
CLUB DE PLAYA

PLANO: **4** P. 48 **B2**

Seminyak es venerado por sus clubes de playa, donde se descansa en lujosos divanes junto a piscinas infinitas y se sorben cocos frescos o cócteles tropicales mientras los DJ mezclan melodías sensuales. **Potato Head** lleva la experiencia a otro nivel. La popularísima

propiedad (con club de playa, discoteca, cinco restaurantes y dos hoteles de lujo) está impulsada por el lema "buenos tiempos, haz el bien" y, desde que uno llega, es consciente de cómo se reducirá su huella de carbono. Las exposiciones explican el espíritu ecológico del club con gran detalle.

Se puede pasear por la arena o seguir el largo camino desde Jl Petitenget y se encontrará mucha diversión en los terrenos de Potato Head, desde la apetecible piscina hasta restaurantes como el elegante **Kaum**, e **Ijen**, de cero residuos, además de una pizzería con jardín, y zonas de descanso y de césped para pasar la noche relajado bajo las estrellas. Como novedad, en el 2024, el famoso DJ británico DJ Harvey abrió una nueva discoteca en el lugar, **Klymax Discotheque.**

Presenciar las tradiciones hindúes balinesas
TEMPLO HINDÚ

En la popular playa de Seminyak está el **Pura Petitenget** (PLANO: **5** P. 48 **B3**), perteneciente a una serie de templos balineses construidos para proteger la isla de espíritus malignos. Su nombre se traduce libremente como "cofre mágico" y, según la leyenda, el nombre se remonta a cuando el sacerdote hindú **Nirartha** (p. 80), del s. XVI, transformó a Buto Ijo, una bestia maliciosa, en guardián de la aldea cercana. Según Nirartha exorcizaba a los espíritus malignos de la zona, los capturaba en cofres de madera, que se guardaban bajo la vigilancia de Buto Ijo (su estatua está en la esquina norte del templo).

Con las emblemáticas *candi bentar* (puertas divididas) en la entrada, un *meru* (santuario de múltiples tejados) en lo alto e intrincadas tallas de piedra por doquier, el Pura Petitenget es un ejemplo fantástico de la arquitectura de templos de Bali. Se puede entrar cuando no se esté celebrando una de las frecuentes ceremonias. Junto al templo está el **Pura Masceti** (PLANO: **6** P. 48 **B3**), un templo agrícola donde los granjeros rezan y los constructores hacen ofrendas de perdón antes de plantar otra villa más en los arrozales.

Saborear la comida local

RESTAURANTES BALINESES E INDONESIOS

Seminyak y Kerobokan cuentan con una enorme variedad de restaurantes de primera diseñados para sorprender al visitante. Sin embargo, las elegantes calles del barrio también albergan restaurantes más humildes dirigidos a residentes y visitantes que buscan una excelente comida balinesa e indonesia.

Por la noche cobran vida mercados nocturnos como el **Pasar Kerobokan** (PLANO: **7** P. 48 **E1**), cuyos puestos ofrecen un viaje culinario por algunos de los platos más populares de Indonesia, como el *sate ikan* (satay de pescado) y la *soto ayam* (sopa de pollo), así como *es teler:* este favorito indonesio es una sensación de sabor increíble, una combinación con trozos de cubitos de gelatina, hielo, aguacate, queso rallado, yaca, leche de coco y leche condensada.

Otras opciones excelentes son **Warung Eny's** (PLANO: **8** P. 48 **G1**), donde la chef que le da nombre cocina una maravillosa comida balinesa; el popular **Warung Sulawesi** (PLANO: **9** P. 48 **C1**), con su excelente bufé de comida autóctona; y **Rumah Makan Pondok**

TODO SOBRE EL 'ARAK'

El *arak* (vino de palma destilado e incoloro), que antaño se consideraba un licor clandestino, ahora figura en muchas de las cartas de cócteles de moda de Bali. No debe confundirse con el *arak* de Oriente Medio (de uvas y anís). El *arak* de Bali se extrae de más de una docena de árboles diferentes, el más común la palmera del azúcar. El *tuak* es el zumo sin alcohol que se obtiene, y una vez fermentado se convierte en el *arak*, que alcanza en torno a un 40% de alcohol.

Hay que tener cuidado al consumir *arak* producido en alambiques de aldea o vendido en botellas de agua reutilizadas, ya que se han producido casos de intoxicación por metanol (que provoca ceguera y muerte).

Duo (PLANO: ⑩ P. 48 **E3**), que sirve comida especiada estilo padang de Sumatra Occidental.

Aprender
cocina balinesa   ESCUELA DE COCINA
PLANO: ⑪ P. 48 **C4**

El clima tropical de Bali y sus fértiles suelos volcánicos producen una asombrosa variedad de frutas, verduras, hierbas y especias, y apuntarse a una clase de cocina brinda una excelente oportunidad para explorar cómo estos ingredientes dan forma a la cocina balinesa y, al mismo tiempo, lo embarca a uno en una experiencia de varias capas que, aunque parezca cliché, realmente es un festín para los sentidos. Casi todas las clases de cocina comienzan con una salida a un mercado local para comprar ingredientes frescos.

En **Nia Cooking Class** (*nia cookingclass.com*), que está en el borde del mercado, en Jl Kayu Aya, uno pasa la mañana preparando platos emblemáticos balineses. La clase termina con un festín que deja con la tripa llena y con una mayor comprensión de las antiguas tradiciones culinarias de esta maravillosa isla.

Comprar hasta
el desmayo   COMPRAS

Seminyak y Kerobokan lo tienen todo: *boutiques* de diseño (Bali posee un próspero sector de la moda), tiendas retro chic, galerías elegantes, emporios mayoristas y talleres familiares. En cualquiera de las calles que se enumeran se hallarán tiendas.

Las mejores empiezan en Jl Raya Seminyak, en el **Bintang Supermarket** (PLANO: ⑫ P. 48 **F5**) y siguen al norte donde se convierte en Jl Basangkasa. Una parada digna de mención es **Biasa** (PLANO: ⑬ P. 48 **F5**), la principal tienda de la diseñadora de moda con base en Bali Susanna Perini. El desfile continúa por Jl Kayu Aya y Jl Kayu Jati, que luego se convierte en Jl Petitenget. Esta es la zona cero de las compras en Bali, con cientos de *boutiques* y tiendas. Entre las famosas están **Magali Pascal** (PLANO: ⑭ P. 48 **C2**), la icónica *boutique* francesa con ropa de estilo parisino, y **Mercredi** (PLANO: ⑮ P. 48 **E3**), una apreciada tienda de menaje.

Al norte de Jl Sunset, **Jl Raya Kerobokan** está bien para antigüedades y menaje. Al este, calles como **Jl Gunung Tangkuban Perahu** y **Jl Gunung Athena** cuentan con todo tipo de tiendas interesantes que venden y fabrican artículos del hogar, baratijas, tejidos y otros objetos interesantes.

Rejuvenecer
cuerpo y alma   'SPAS'

Los *spas* son a Seminyak y Kerobokan lo que los cafés a Canggu. Estos centros ofrecen una armoniosa fusión de técnicas curativas tradicionales balinesas y prácticas contemporáneas de bienestar. Hay desde salones muy económicos hasta *spas* de día ultralujosos que son santuarios del mimo.

Uno siente la tentación de ir al **Bodyworks** (PLANO:  16 P. 48 **B3**) solo por el precioso diseño de inspiración marroquí, pero los lujosos tratamientos son aún mejores. Ubicado en la azotea del Seminyak Village Mall, el contemporáneo **Spring Spa** (PLANO: 17 P. 48 **C3**) ofrece vistas urbanas con muchos de sus tratamientos. Su paquete de la puesta de sol es una maravilla.

El lujoso **Lagoon Spa** (PLANO: 18 P. 48 **G6**) es amplio y luminoso, con instalaciones como piscina, sauna y *jacuzzi*. El **Jari Menari** (PLANO: 19 P. 48 **F4**) es famoso por los masajes que dan solo hombres, y muchos consideran que la mezcla única de estilos de masajes que ofrece el *spa* es la mejor de la isla.

Intentar cerrar los clubes

DISCOTECAS

La división entre restaurante, bar y discoteca se difumina en Seminyak y Kerobokan. Hay lugares nocturnos para relajarse, sin importar el estilo.

La Favela (PLANO: 20 P. 48 **E3**) seduce con su estilo bohemio en el local nocturno más popular del sur de Bali. Las salas temáticas llevan por un recorrido confuso desde una coctelería clandestina en penumbra y comedores antiguos hasta bares salpicados de grafitis. Más de 8000 personas bailan toda la noche los fines de semana.

Más íntimo, **Mirror** (PLANO: 21 P. 48 **C2**) es algo así como una catedral de *Harry Potter,* aunque con infinidad de efectos de iluminación y electrónica. El legendario club de playa **Ku De Ta** (PLANO: 22 P. 48 **C4**) está repleto de gente guapa de Bali (y de la que solo aspira a serlo). La música late con intensidad creciente por la noche.

Bali Joe (PLANO: 23 P. 48 **E5**), uno de los varios locales LGTBIQ+ de Jl Camplung Tanduk, presenta *drag queens* y bailarines gogó todas las noches.

♨ ETIQUETA EN EL 'SPA'

Planear el tiempo Se puede entrar a casi todos los *spas* económicos y recibir un tratamiento de inmediato, pero hay que reservar con antelación (a veces una semana antes) en los *spas* populares como Bodyworks.

Proteger la piel Las quemaduras de sol y los tratamientos de *spa* no combinan bien; algunos *spas* ofrecen tratamientos relajantes para después del sol.

Qué llevar Casi todos los *spas* (también los económicos) proporcionan muda desechable para utilizarla durante el tratamiento.

Propinas Algunos de los *spas* más grandes incluyen un cargo por servicio del 10% en la factura. En los más pequeños no esperan propina, pero la agradecen.

Lo mejor para...

$** Económico **$$** Medio **$$$ Alto

Comer

Indonesia creativa

Biku **$$**
 24 B3

Recién trasladado a una ubicación mayor, Biku conserva todo lo que lo convirtió en uno de los restaurantes indonesios de alto nivel más populares de Bali. *8.00-22.00*

Sangsaka **$$**
25 D2

Este restaurante informal sirve versiones bien matizadas de platos indonesios de todo el archipiélago. *18.00-23.00*

Merah Putih **$$**
26 C2

El nombre significa "rojo y blanco", los colores de la bandera de Indonesia. Este restaurante celebra la comida de todo el país. *12.00-24.00*

Comidas memorables

Mama San **$$**
27 E3

Este enorme, popular y elegante espacio sirve

platos creativos del sureste asiático; ofrecen una larga carta de cócteles. *12.00-22.00*

Shrimpis **$$**
 28 B3

Conocido por sus excelentes mariscos, en especial la gambas (criadas por el restaurante) y las ostras. *12.00-23.00*

Starfish Bloo **$$$**
29 A2

Moderno, alegre y elegante, sirve frente a la playa las capturas de las aguas que rodean Bali. Su espléndido *brunch* dominical es popular. *8.00-22.00*

Sardine **$$$**
 30 E1

El pescado fresco es la estrella en este restaurante informal pero elegante en un hermoso pabellón de bambú con vistas a un arrozal privado. *12.00-24.00*

Comida de café

Warung Murah Double Six **$**
31 E6

La palabra *murah* significa "barato", y este restaurante veterano tiene una carta asequible; hay

platos principales por menos de 40 000 IDR. *9.00-21.00*

Felicity Espresso **$**
 32 E6

Encantador café que sirve comida indonesia y occidental. Excelente lugar para un desayuno y café tempranos. *6.00-21.00*

Shelter Cafe **$$**
33 F5

Este café del segundo piso está repleto de gente guapa, café fuerte y cuencos de *açaí* bien llenos. Comida saludable. *7.00-17.00*

Beber

Bebidas con estilo

Motel Mexicola
 34 B3

Colores atrevidos y motivos retro alimentan la diversión en este bar-restaurante mexicano. *11.00-1.00*

La Plancha
 35 D6

Los pufs en la playa y las luces bajo las sombrillas hacen de este uno de los lugares más coloridos para atardeceres en Bali. El DJ pincha desde que anochece. *11.00-23.00*

Iron Fairies Bali
 36 C2

Bar conceptual con interior de hierro forjado y metalistería. Abundan los detalles caprichosos; se disfruta más tras unas copas. *19.00-3.00*

Tomar unas copas

Revolver
 37 D4

Inspirado en un *saloon* del Lejano Oeste, este íntimo café/bar es apreciado por su café. *6.00-23.00*

Double-Six Rooftop Sunset Bar
 38 D6

Para abandonarse en una tumbona junto al estanque infinito en uno de los mayores bares en azotea de Bali. *17.00-23.00*

Woobar Bali
39 A2

Los lujosos sofás colocados bajo las luces y las altas palmeras son perfectos para una velada elegante y relajada. *10.00-24.00*

South+East Brewing Co
40 F1

Lugar alegre especializado en las mejores cervezas artesanales de Indonesia. Buena comida de bar. *12.00-24.00*

Comprar

Menaje

Kara Home Living
41 H3

Tienda práctica con todo tipo de productos de fabricación local. *10.00-20.00*

Kaula Bali
42 E1

Se pueden encargar productos de cuero hechos a mano y a medida, o reservar una sesión para hacerlos uno mismo. Hay talleres de un día a una semana. *10.00-20.00*

Home Basket
43 H4

Cestas de infinidad de estilos, tamaños y colores, y vajillas decorativas. *10.00-18.00*

Mercia Home Living
44 G2

Magnífica decoración para el hogar, desde cojines hasta pantallas de lámparas de ratán. *10.00-20.00*

Moda

Namu
 45 B2

Ropa de resort hecha a mano y vestidos con volantes adecuados para climas tropicales. El personal es muy servicial. *10.00-20.00*

Bamboo Blonde
 46 D3

Alegre *boutique* de diseño con vestidos y ropa formal. Todo diseñado y fabricado en Bali. *10.00-21.00*

Lily Jean
 47 C3

Esta tienda de diseño combina el encanto internacional con motivos locales. *9.00-22.00*

Lucy's Batik
48 E3

Un buen lugar para comprar el mejor batik. También vende tela por metros. *10.00-20.00*

Productos de calidad

Purpa Fine Art Gallery
49 F3

Galería veterana que expone a los mejores artistas de Bali, desde los nombres más destacados de la década de 1930. *10.00-18.00 lu-sa*

Drifter Surf Shop
50 D3

Moda surf de alta gama, tablas de surf, libros y marcas como Obey y Wegener. Propiedad de dos surfistas expertos. *9.00-22.00*

Sandio
 51 E3

Zapatos y sandalias de cuero magníficos a precios excelentes. *10.00-20.00*

Sugerencias de lugares para comer y beber en **p. 65**

Explora
Kuta y Legian

Kuta y Legian eran antaño el epicentro del turismo de masas, pero su bullicio se hizo famoso por los informes (a menudo exagerados) sobre el mal comportamiento de los turistas. Aunque sigue siendo el primer destino de casi todos los visitantes de Bali, Kuta tiene calles feas y estrechas repletas de tiendas de recuerdos baratos, motos incesantes y ruidosas ofertas de masajes. Los centros comerciales llamativos y los hoteles de cadena están acabando con los encantadores negocios familiares del barrio.

Legian atrae a un público algo mayor. Es igual de comercial y tiene una larga hilera de hoteles familiares cerca de la playa. Sin embargo, Kuta y Legian aún conservan un atributo imbatible: su larga y maravillosa playa.

Cómo desplazarse

 A pie

Debido a la expansión urbana y a los atascos, caminar es lo mejor y más rápido para desplazarse por Kuta y Legian. Las calles de Legian se exploran mejor a pie, ya que puede haber una joya escondida hasta en el callejón más humilde. El paseo marítimo lleva a Seminyak.

 **Coche y motocicleta**

Muchas calles están repletas de ciclomotores y taxis osados. Es fácil conseguir trayectos en moto y coche con las *apps* Grab o Gojek.

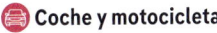

Pantai Kuta (p. 63).
ALINA_DANILOVA/SHUTTERSTOCK ©

★
LO MEJOR

TIENDA DE RECUERDOS
Joger (p. 63)

ESCUELA DE SURF
Rip Curl School of Surf
(p. 63)

VISTA DEL ATARDECER
Kuta Social Club (p. 64)

PARA FAMILIAS
Waterbom (p. 64)

MERCADO
Pasar Kuta (p. 64)

CIRCUITO A PIE

Paseo por Kuta y Legian

La playa de Kuta va desde Tuban, cerca del aeropuerto, hasta Seminyak, en el norte, pasando por Legian. Son 5 km de hermosa arena y atractivos y encanto sorprendentes y diversos. Playas solitarias, muchos vendedores, clamor comercial y más. El paseo marítimo, que se extiende hasta más allá de Seminyak, es otro plus.

INICIO	FINAL	DURACIÓN
Pantai Sekeh	Pantai Padma	5 km; 3 h

(mapa del recorrido: Playa de Legian – FINAL 6 – Jl Padma (Jl Yudistra) – LEGIAN – Jl Melasti – Jl Benesari – 5 – Jl Pantai Kuta (Kuta Beach Rd) – Poppies Gang II (Jl Batu Bolong) – Jl Legian – Jl Sunset – Playa de Kuta – KUTA – 4 – 3 – Jl Pantai Kuta – Jl Bakung Sari (Jl Singasari) – Teluk Kuta – Jl Kartika Plaza (Jl Dewi Sartika) – Jl Raya Kuta – Jl Ngurah Rai Bypass – Tukad Mati – 2 – Jl Segara – Patung Triratna Amreta Bhuwana – Jl Kedin – TUBAN – 1 – INICIO)

EXPLORA

KUTA Y LEGIAN

❶ Barcos de pesca y aviones

Hay que abrirse camino por la angosta carretera que queda al norte de los depósitos de combustible del aeropuerto hasta el pequeño refugio de **Pantai Sekeh,** donde aguardan un par de *warungs* (puestos de comida) y barcos de pesca. Cerca rugen los aviones, y en **Kuta Reef** (p. 63), las olas que rompen frente a la playa. Hay que seguir hacia el norte por el **paseo marítimo.**

❷ Extensiones de arena

La arena suele estar poco poblada. Las playas artificiales llegan a la altísima **Patung Triratna Amreta Bhuwana** (18 m de altura), una flamante estatua que representa las tres fuerzas de la vida en la mitología hindú. Cuando aparece un ordenado grupo de cafés y *warungs* uno ha llegado a **Pantai Jerman,** llamado así por un surfista alemán que se libró del olvido. Se puede parar a tomar una copa.

❸ La sociedad de las tortugas

Una gran tortuga de hormigón señala la **Bali Sea Turtle Society** (@baliseaturtlesociety), que permite a los visitantes soltar tortugas recién nacidas al mar. Los huevos se recogen de las playas (salvándolos de los cazadores) y luego se incuban en la arena del lugar antes de soltarlas. La temporada de eclosión es de marzo a octubre. Las fechas de suelta se encuentran en línea.

❹ Playa legendaria

La playa de arena conocida como **Pantai Kuta** comienza en **Pantai Segara** (p. 63). Allí se va para observar gente, así que uno puede pedir una Bintang o un coco fresco a un vendedor y acomodarse para el espectáculo de surfistas tomando olas y de principiantes catapultados a la orilla, perros y niños haciendo carreras, y viajeros y residentes que alternan y charlan en sillas de plástico desparejadas.

❺ Parque de 'skate'

Pantai Kuta no es todo arena y surf: también monopatines. El **Kuta Beach Skatepark** atrae por igual a residentes y visitantes para hacer *ollies,* "grindar" rieles y patinar el *bowl.*

❻ Menos multitudes

Pantai Padma es conocida como la playa de Legian. Es más tranquila, las casetas de los vendedores de cerveza son más sólidas y la arena está menos concurrida. Discurre sin interrupciones hasta la playa Double Six y Seminyak.

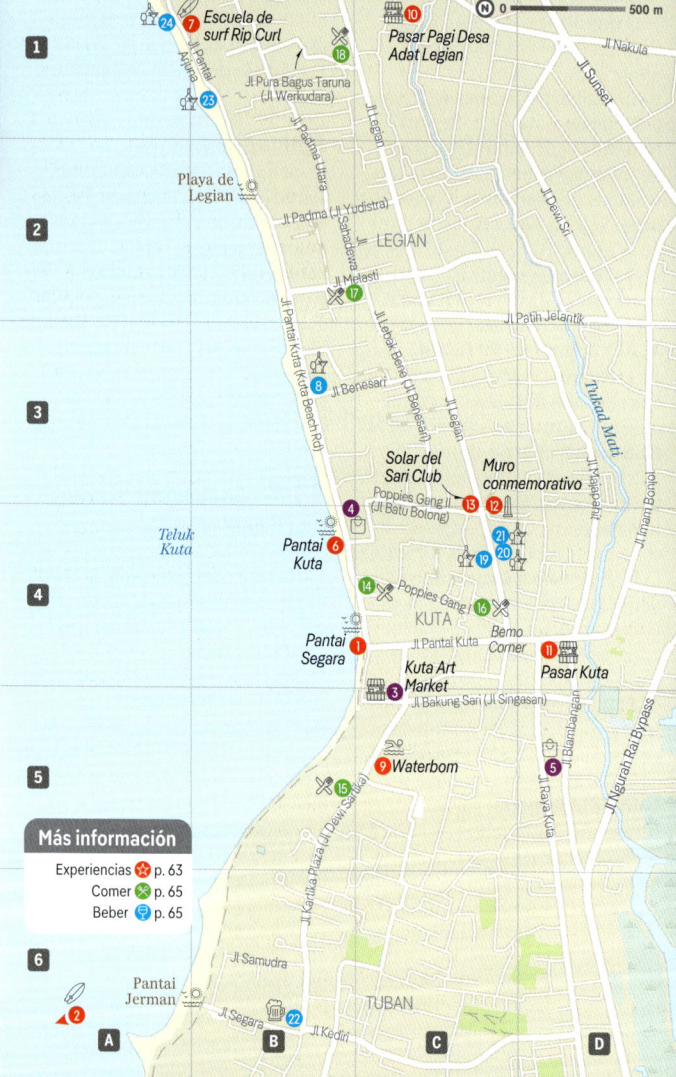

A **B** **C** **D**

1

Jl Arjuna (Jl Double Six)

Jl Nakula

7 Escuela de surf Rip Curl

10 Pasar Pagi Desa Adat Legian

Jl Nakula

Jl Sunset

24

18

23

Jl Pantai Arjuna

Jl Pura Bagus Taruna (Jl Werkudara)

Jl Padma Utara

Jl Legian

Jl Dewi Sri

2

Playa de Legian

Jl Padma (Jl Yudistra)

LEGIAN

Jl Sahadewa

Jl Melasti

17

Jl Pantai Kuta (Kuta Beach Rd)

Jl Patih Jelantik

3

8

Jl Benesari

Jl Lebak Bene (Jl Benesari)

Jl Legian

Tukad Mati

Jl Majapahit

Jl Iman Bonjol

Solar del Sari Club

Muro conmemorativo

13 **12**

Poppies Gang II (Jl Batu Bolong)

4

4

Pantai Kuta

6

21 **20**

19

Poppies Gang I

14

16

KUTA

Bemo Corner

1 Pantai Segara

Jl Pantai Kuta

11 Pasar Kuta

3 Kuta Art Market

Jl Bakung Sari (Jl Singasan)

Jl Blambangan

Jl Nguran Rai Bypass

5

9 Waterbom

5

Jl Raya Kuta

15

Jl Kartika Plaza (Jl Dewi Sartika)

Más información

Experiencias ⚡ p. 63
Comer ✖ p. 65
Beber 📶 p. 65

6

2 Pantai Jerman

Jl Samudra

TUBAN

Jl Segara

22

Jl Kediri

A **B** **C** **D**

0 — 500 m

Surfear los rompientes de Kuta SURF

Kuta casi siempre tiene una ola que ofrecer a quien no le importe remar lejos de la multitud. Para olas con poca gente, menos potentes, se puede ir a **Pantai Segara** (MAPA: **1** P. 62 **C4**), en el extremo sur de la playa.

Los surfistas con más experiencia apreciarán una aventura frente a la costa, en **Kuta Reef** (MAPA: **2** P. 62 **A6**), donde las tortugas y los peces nadan en aguas cristalinas. Para llegar a Kuta Reef, hay que buscar la **Red Flag Office** en Pantai Segara y conseguir un *jukung* (barco de madera de fondo plano) que lleve al surfista y su tabla hasta el arrecife (70 000 IDR). Hay que concertar una hora de recogida.

Hay numerosos lugares excelentes para surfear, pero como todos terminan en un arrecife relativamente poco profundo, no son para principiantes. "Airport Lefts" y "Airport Rights" rompen a ambos lados del promontorio rocoso del final de la pista de aterrizaje.

Mirar recuerdos tontos COMPRAS

Regatear en las tiendas de recuerdos y de ropa barata de Jl Legian y en el **mercado de arte de Kuta** (PLANO: **3** P. 62 **C5**) es una divertida aventura. Así como curiosear en los puestos del laberinto interior de calles, como Poppies Lane II,

en busca de artículos de verdadero mal gusto.

Los centros comerciales como el **Beachwalk** (PLANO: **4** P. 62 **B4**), frente al mar, tienen numerosas marcas internacionales populares. Para ser un auténtico lugareño, hay que seguir a las multitudes de turistas indonesios hasta **Joger** (PLANO: **5** P. 62 **D5**), una leyenda minorista de Bali que es la tienda más popular del sur. Ningún visitante de otro lugar del archipiélago pensaría en irse de la isla sin un cachorro de plástico con ojos de bambi (4000 IDR) o una de las miles de camisetas con una frase irónica, divertida o simplemente inexplicable. El interior de la estrecha tienda es una locura.

Aprender a surfear CLASES DE SURF

Kuta lleva atrayendo a un número cada vez mayor de surfistas desde que Bob Koke (el primer hotelero de Kuta) envió allí sus tablas de secuoya desde Hawái a principios de los años treinta, y hoy en día, con cientos de tablas de alquiler y decenas de instructores de surf disponibles, **Pantai Kuta** (MAPA: **6** P. 62 **B4**) es uno de los mejores lugares de Bali para aprender surf. Solo hay que acercarse a uno de los kioscos de alquiler de tablas de la playa para concertar una clase. O bien a una de las muchas escuelas de la playa, como **Rip Curl School of Surf** (MAPA: **7** P. 62 **A1**).

LOS ATENTADOS DE 2002
El 12 de octubre del 2002 fue un día oscuro en la historia de Bali. Poco después de las 23.00 explotó una bomba en el Paddy's Pub, y cuando la gente huía a la calle, detonó otra bomba. Las investigaciones culparon a miembros de Yemaa Islamiya, y algunos fueron declarados culpables, encarcelados y ejecutados.

Un **muro conmemorativo** (PLANO: **12** P. 62 **C3**) refleja el alcance de la tragedia, con los nombres de las 202 víctimas conocidas, entre ellos 88 australianos y 35 indonesios. Al otro lado de la calle, el **solar del Sari Club** (PLANO: **13** P. 62 **C3**) está tapiado mientras los intentos de construir un parque conmemorativo siguen estancados.

Saborear el atardecer
PUESTAS DE SOL

MAPA: **8** P. 62 **B3**

Las vistas del atardecer desde Pantai Kuta (p. 63), orientada al oeste, y las playas vecinas han emocionado a generaciones. Se puede comprar una Bintang fría a un vendedor y contemplarlo desde la arena. Una experiencia más elevada la brinda la azotea del **Kuta Social Club** (en realidad está en Legian), con unas vistas panorámicas hasta el Pura Tanah Lot (p. 34)

y más allá. Hay una piscina; hay que reservar mesa con antelación para la puesta de sol.

Deslizarse por los toboganes de Waterbom
PARQUE ACUÁTICO

MAPA: **9** P. 62 **C5**

Waterbom, uno de los atractivos turísticos familiares más populares de la isla, es votado periódicamente como el mejor parque acuático de Asia. A lo largo de 5 Ha de jardines tropicales cuidadosamente diseñados hay numerosos toboganes con nombres como Smashdown 2.0, Boomerang y Drop donde dar vueltas, girar en espiral, salir disparado y chapotear. Todas las edades están contempladas para el disfrute en este mundo acuático.

Compras al estilo de Bali
MERCADOS TRADICIONALES

Quizá Kuta y Legian parezcan muy alejadas de la Bali "tradicional", pero una visita a un mercado matutino (antes de las 10.00) desvela una parte de la vida que apenas ha cambiado durante generaciones. Se vende fruta, verdura, especias y artículos para el hogar. Dos mercados que no hay que perderse son el popular **mercado de Legian,** conocido como el **Pasar Pagi Desa Adat Legian** (PLANO: **10** P. 62 **CI**), y el aún más atemporal **Pasar Kuta** (PLANO: **11** P. 62 **D4**), en el cruce de Jl Raya Kuta y Jl Pantai Kuta.

Lo mejor para...

$ Económico $$ Medio $$$ Alto

Comer

Comidas magníficas

Riva Bar and Restaurant $$

14 C4

Para disfrutar de una vista elevada del atardecer sobre **Pantai Kuta** (p. 63), con opciones indonesias e internacionales. *12.00-22.00*

Temple by Ginger Moon $$

15 B5

Carta diseñada para compartir, del aclamado chef Dean Keddell, con platos cocinados al fuego como pollo asado y pato ahumado. *10.00-22.00*

Poppies Restaurant $$

16 C4

Abierto desde 1973, conserva un encanto perdido en su sereno jardín. Popular por la cocina balinesa, occidental y tailandesa. *8.00-22.00*

Comidas informales

Warung Kampung $

17 B2

Restaurante básico y atemporal que sirve platos populares indonesios a precios económicos. *10.00-22.00*

Coffee Cartel $

18 B1

Bonito café con desayuno todo el día, así como batidos, hamburguesas, cuencos y ensaladas. *8.00-22.00*

Beber

Discotecas

LXXY

19 C4

Discoteca espectacular, con un profundo y resplandeciente interior. Pinchan algunos de los mejores DJ de Indonesia. *20.00-4.00*

Paddy's Pub

20 C4

De los bares más antiguos de Kuta, sin pretensiones, para bailar toda la noche. *18.00-4.00*

Bounty Discotheque

21 C4

De temática pirata, es ideal para bebidas baratas y noches ruidosas. *18.00-4.00*

Stark Craft Beer Garden

22 B6

Algo más tranquilo que los clubes, sirve cerveza artesanal balinesa y cócteles en un entorno rústico-industrial. Música en vivo por las noches. *11.00-2.00*

Bebidas en la playa

Brother Bar

23 B1

Con pufs en la arena, este bar informal es una opción excelente para el atardecer. Hay muchas otras opciones a lo largo de la arena. *10.00-20.00*

Zen Bar

24 A1

Bar tranquilo en la playa, con sillas de plástico bajo las sombrillas. De los pocos chiringuitos de Kuta y Legian que vende cócteles. *10.00-20.00*

Localizaciones en el plano de la **p. 62**

EXPLORA

KUTA Y LEGIAN

Sugerencias de lugares para comer y beber en **p. 73**

Explora
Jimbaran

La playa que bordea la bahía de Jimaran —Teluk Jimbaran—
es de arena blanca. Todas las noches al atardecer los
restaurantes del lugar atraen a los comensales por sus delicias
del mar a la parilla. En el extremo sur, el emblemático Four
Seasons Jimbaran Bay se alza sobre un promontorio. Otros
resorts discretos están apartados de la playa. Entre los
atractivos cercanos se cuentan la altísima estatua de GWK
y la primera de las hermosas calas de la península de Bukit.
Los visitantes que buscan los placeres de Uluwatu pasan
por alto Jimbaran, algo lamentable, ya que este pueblo
costero es un destino digno por derecho propio y ofrece una
perspectiva fascinante de la vida local.

Cómo desplazarse

Coche y taxi

Jimbaran es una alternativa relajada a Kuta y
Seminyak, y como está al sur del aeropuerto,
el acceso es inmejorable, sobre todo si se
viaja en un vuelo que llega tarde o sale temprano. El acceso desde el norte está antes
del peor tráfico de la península de Bukit,
lo cual es otra ventaja. Jimbaran es una
parada fácil cuando se va a/desde Nusa Dua
y Uluwatu.

Legiones de taxis esperan a los comensales en los restaurantes de pescado y
marisco. Hay que negociar las tarifas con
cuidado.

★
LO MEJOR

PLAYA
Pantai Jimbaran (p. 71)

**RESTAURANTES
DE PESCADO**
Queen Beach (p. 71)

MUSEO
Saka Museum (p. 71)

VISTAS ESPECTACULARES
Rock Bar (p. 71)

PLAYA ESCONDIDA
Pantai Tegal Wangi (p. 72)

Rock Bar (p. 71).

CIRCUITO A PIE

Paseo por Jimbaran

Lo ideal es dar este paseo por la mañana, ya que los mercados están en su mejor momento antes de las 10.00. Finaliza en la arena de Pantai Kelan, y se puede almorzar tarde, cuando los restaurantes de marisco estén asando. El agua siempre está bien para darse un chapuzón.

INICIO	FINAL	DURACIÓN
Pasar Desa	Pantai Kelan	2,8 km; 2 h

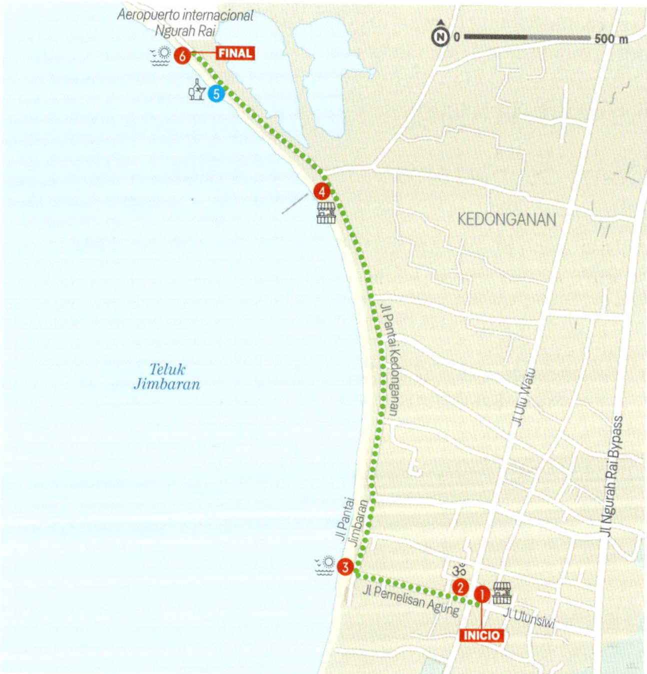

EXPLORA

JIMBARAN

Aeropuerto internacional
Ngurah Rai

FINAL

KEDONGANAN

Teluk
Jimbaran

Jl Pantai Kedonganan

Jl Ulu Watu

Jl Ngurah Rai Bypass

Jl Pantai
Jimbaran

Jl Pemelisan Agung

Jl Uluwatu

INICIO

N   0   500 m

1 Un comienzo afrutado

El **Pasar Desa** (mercado del pueblo) de Jimbaran es de los mejores mercados de Bali para visitar porque su disposición permite ver mucho sin caminar eternamente. Los chefs locales confían en la calidad de la fruta y la verdura. Hay unos repollos enormes.

2 Arroz santo

Frente al mercado matutino, el templo **Pura Ulun Siwi,** de color ébano, es del s. XI. Es un lugar tranquilo hasta que explota de vida para ceremonias y Jl Uluwatu se cierra para procesiones. El templo está considerado uno de los más sagrados por los granjeros de arroz, que acuden desde lejos para buscar bendiciones. Su *meru* (santuario de varios pisos) de 11 pisos es de los más altos de Bali.

3 Una playa magnífica

Pantai Jimbaran, de arena blanca, es de las mejores playas de Bali. Casi todo el arco de arena de 4 km de largo está limpio, y no faltan lugares para conseguir un tentempié, bebida, **cena de marisco** (p. 73) o tumbona. La bahía está protegida por un arrecife de coral intacto que mantiene el oleaje suave.

4 Como pez en el agua

Se sigue la arena blanca hacia el norte, hasta el **mercado de pescado de Kedongan** (o de Jimbaran). Se pone en pleno funcionamiento cuando las capturas recién pescadas se venden directamente desde los barcos a compradores y chefs. Es tan frenético como fascinante, y los colores, formas y tamaños del producto que se vende son desconcertantes. El mercado abre todo el día, pero es mejor por la mañana.

5 Chiringuitos escondidos

Al norte del mercado de pescado hay unos chiringuitos poco conocidos a lo largo de una curva de arena no muy limpia a la sombra del aeropuerto. La mayor parte no son dignos de mención, pero ofrecen bebidas a precio de ganga y excelentes vistas de la bahía. **Black Pearl** (@blackpearljimbaranbay) organiza circuitos al atardecer en un barco pesquero repleto de hieleras de cerveza.

6 Poner el modo avión

El paseo termina en **Pantai Kelan,** donde pasan rugiendo los aviones, justo al otro lado de una valla endeble. Hay vistas fabulosas por doquier.

Más información

Experiencias ✶ p. 71
Comer ✕ p. 73
Beber ⬤ p. 73

Teluk
Jimbaran

Pantai
Kedonganan ④

KEDONGANAN

Jl Pantai Kedonganan

Jl Uluwatu

Pantai
Tegal Wangi ⑦

Museo
Saka ⑤

Véase mapa principal

Jl Batas Kauh

⑯

Jl Pantai Jimbaran

Pantai
Jimbaran ❶

Jl Pemelisan Agung

Queen Beach ❸

⑫ Jl Yoga Perkanti
⑬ ⑱

Jl Ulunsiwi

Jl Ngurah Rai Bypass

Playa de
Jimbaran

Teluk Benoa

Véase ampliación

Pantai
Muaya ⑪
❷ ⑩

JIMBARAN

Jl Uluwatu

⑰

Jl Bukit Permai

❾

⑧

Jl Uluwatu II

Saborear atardeceres y marisco
RESTAURANTES DE MARISCO

Pantai Jimbaran (PLANO: ❶ P. 70 **B4**), una de las mejores playas de Bali, también es famosa por los muchos **restaurantes de pescado y marisco** (p. 73) que bordean la bahía. Pasar una noche allí brinda la oportunidad de disfrutar del pescado recién capturado y cuidadosamente asado mientras se disfruta del ambiente tropical. A medida que cae la noche, el aromático humo de las parrillas se arremolina en el aire, y los músicos pasan entre los comensales dando una serenata.

A lo largo de los 4 km de la playa de Jimbaran, hay tres grupos de restaurantes, con unos 40 restaurantes en total. Los de **Pantai Muaya** (PLANO: ❷ P. 70 **A6**), en el sur, son de gama media por precio y ambiente. El grupo de **Queen Beach** (PLANO: ❸ P. 70 **B4**), el tramo más pequeño, es más sencillo, barato y mejor que los otros. **Pantai Kedonganan** (PLANO: ❹ P. 70 **B2**), en la parte del mercado de pescado, es el tramo mayor, más concurrido y más caro. La puesta de sol es el horario de máxima audiencia; los restaurantes están casi vacíos hacia las 20.00.

Monstruos míticos
MUSEO

PLANO: ❺ P. 70 **A3**

Según el calendario lunar Saka, el comienzo del Año Nuevo balinés es el **Nyepi.** Es un momento extraordinario para estar en Bali; un día en el que todo se para y la isla se sume en el silencio. Se apagan las luces, se cierran carreteras, negocios y hasta el aeropuerto. Sin embargo, la noche anterior reina el caos: enormes efigies de monstruos y demonios de la mitología balinesa desfilan por las calles y se aporrean y repiquetean instrumentos musicales.

Las efigies, llamadas *ogoh-ogoh,* son sorprendentes obras de arte de más de 3 m de alto y que se queman en una lluvia de chispas. El nuevo **Museo Saka** en el Ayana Resort Bali alberga una colección de enormes *ogoh-ogoh* de encargo, diseñados y fabricados por los artistas más venerados de cada una de las nueve regencias de Bali.

Beber en las rocas
COCTELERÍA

PLANO: ❻ P. 70 **A3**

Estrella de innumerables publicaciones sobre Bali, el popular **Rock Bar** se alza a 14 m sobre el Índico. De hecho, al atardecer, para bajar en ascensor hasta el bar del Ayana Resort Bali se espera más de una hora y la etiqueta no permite llevar mochila ni camiseta de tirantes. Hay aperitivos de bar con sabor mediterráneo; las vistas son espectaculares.

Descubrir una playa escondida

PLAYA REMOTA

PLANO: **7** P. 70 **A2**

Pantai Tegal Wangi, rodeada de acantilados, 4,5 km al suroeste de Jimbaran, es la primera de una serie de calas con parches de hermosa arena a lo largo de la costa oeste de la península de Bukit. Hay una pequeña zona de aparcamiento delante del **Pura Segara Tegal Wangi,** un popular templo para dirigirse a los dioses del mar. Suele haber un vendedor de bebidas solitario que ofrece refrescos antes o después de realizar el corto pero desafiante viaje por los empinados senderos que conducen a la playa. Al sur, el enorme Ayana Resort Bali se extiende sobre los acantilados.

Crear arte cerámico

TALLER DE ARTESANÍA

PLANO: **8** P. 70 **C6**

Jenggala Keramik Bali Ceramics exhibe hermosos artículos de cerámica para el hogar que son una popular compra en Bali. Hay un precioso café y una zona donde se ve cómo se produce, pero, ¿por qué dejar que otros lo hagan si puede

hacerlo uno mismo? Hay cursos de cerámica para adultos y niños; uno también puede crear su propia obra de arte (lista a los cinco días, tras pasar por el horno). Hay que reservar; puede hacerse en línea (*jenggala.com/make-a-pot/*).

Visitar la estatua más alta de Indonesia

ESTATUA HINDÚ

PLANO: **9** P. 70 **B6**

La estatua de **Garuda Wisnu Kencana** (GWK), fácilmente visible desde gran parte del sur de Bali, representa al dios hindú Visnú a lomos del pájaro mitológico Garuda. En pleno centro de Bukit, se eleva sobre la península y es de las estatuas más altas del mundo (casi 120 m). Fue diseñada por el renombrado escultor balinés Nyoman Nuarta y tiene 3000 toneladas de cobre y bronce. Es una verdadera hazaña de arte e ingeniería, y si se va al **parque cultural GWK,** vale la pena pagar la tarifa adicional por visitar su interior. El parque es un festival de jardines, atracciones y restaurantes diseñados para celebrar el hinduismo balinés.

 PREOCUPACIONES POR EL AGUA EN BUKIT

Si se sufre un atasco en la península de Bukit, es probable que sea por el camión de agua. Quizá sean molestos, pero son necesarios para la vida en esta árida península. Bukit no tiene ríos permanentes ni fuentes de agua dulce, y como la piedra caliza que forma la tierra es muy porosa, el agua de lluvia desaparece rápidamente al filtrarse por grietas y fisuras. Con la urbanización de Bukit, la infraestructura existente responde a duras penas a la creciente demanda, sobre todo durante la estación seca.

Lo mejor para...

 Económico   Medio   Alto

Comer

Pescado y marisco en Pantai Muaya

Kekeluargaan Pandan Sari Cafe 💲💲

10 A6

Al estar en un extremo hay menos tráfico cruzado. Si no amenaza lluvia, mejor no sentarse dentro. *11.00-21.00*

Made Bagus Cafe 💲💲

11 B6

El personal es un encanto. Son buena idea los surtidos mixtos, y pedir salsa extra (está muy buena). *11.00-21.00*

Pescado y marisco en Queen Beach

Warung Ramayana 💲💲

12 B4

Los barcos de pesca salpican la playa ante este veterano. El muelle se marina desde temprano y las parrillas humean toda la noche. *11.00-21.00*

Warung Bamboo 💲💲

13 B4

Algo más atractivo que sus vecinos, aunque todos tienen encanto. Se elige el pescado; los acompañamientos y las salsas van incluidos. *11.00-21.00*

Pescado y marisco en Pantai Kedonganan

Jimbaran Bay Seafood 💲💲

14 B2

Especialmente acogedor, con gran variedad de mesas en distintos emplazamientos, incluida la arena de la playa. *11.00-21.00*

Cuisine Cafe 💲💲

15 C2

Más elegante que muchos de sus competidores. Las luces modernas y los clichés náuticos crean ambiente dentro, por si llueve. *11.00-21.00*

Más que pescado

Warung Nasi Bali Kedonganan 💲

16 D3

La reconfortante comida indonesia está a la orden del día en este sencillo

warung donde el *nasi goreng* (arroz frito) atrae a sus devotos. *8.00-22.00*

Bull's Coffee Jimbaran 💲

17 B6

Esta pequeña cadena obtiene excelentes granos locales y vende cafés a precios que pueden pagar los lugareños. Buenos bagels y sándwiches. *7.00-22.00*

Cuca Restaurant 💲💲

18 C4

Bistró de tapas de primera con cocina abierta y una variedad de platos españoles. *12.00-22.00*

Beber

Bebidas con vistas

Black Pearl

19 B1

Lo mejor de los bares de playa de Pantai Kelan (p. 69). Bebidas fuertes servidas con estilo pirata. Los cruceros al atardecer son muy divertidos. 16.00-22.00

Sugerencias
de lugares para
comer y beber en
p. 85

Explora
Uluwatu y alrededores

Sorprende que la península de Bukit, que está en el extremo sur de Bali, sea mucho menos conocida que Uluwatu, su punto más lejano. En los primeros mapas neerlandeses, la península aparecía como Tafelhoek ("esquina de la mesa"), y apenas estaba habitada por su falta de agua permanente. Hoy las costas noroeste y sur de Bukit son una animada mezcla de locales de surfistas en playas escondidas, hoteles poco convencionales sobre acantilados y clubes con piscinas infinitas.

Uluwatu es el nombre genérico de gran parte de la zona, aunque todo gira en torno al templo emblemático del mismo nombre y los legendarios rompientes de surf. Es quizá el segundo lugar más dinámico de Bali después de Canggu.

Cómo desplazarse

 Coche y motocicleta

Bukit y Uluwatu no son para timoratos o impacientes. El tráfico es malo, incluso para los bajos estándares de Bali. La carretera principal a Uluwatu es una franja interminable de negocios cacofónicos que esperan atraer a los conductores atascados. Abundan las calles estrechas, y llegar a algunas de las playas más remotas es un reto para los amortiguadores. Las motos evitan algunos de los atascos, pero los policías multan por ir sin casco.

 A pie

Caminar es peligroso, pues no hay aceras.

LO MEJOR

EXPERIENCIA AL ATARDECER
Pura Luhur Ulu Watu (p. 80)

ESCAPADA DE PLAYA
Pantai Bingin (p. 83)

OLAS PARA SURF
Pantai Suluban (p. 82)

CLUB DE PLAYA
Savaya Bali (p. 84)

YOGA
Morning Light (p. 84)

Pantai Bingin (p. 83).
ROBERT HARDING VIDEO/SHUTTERSTOCK ©

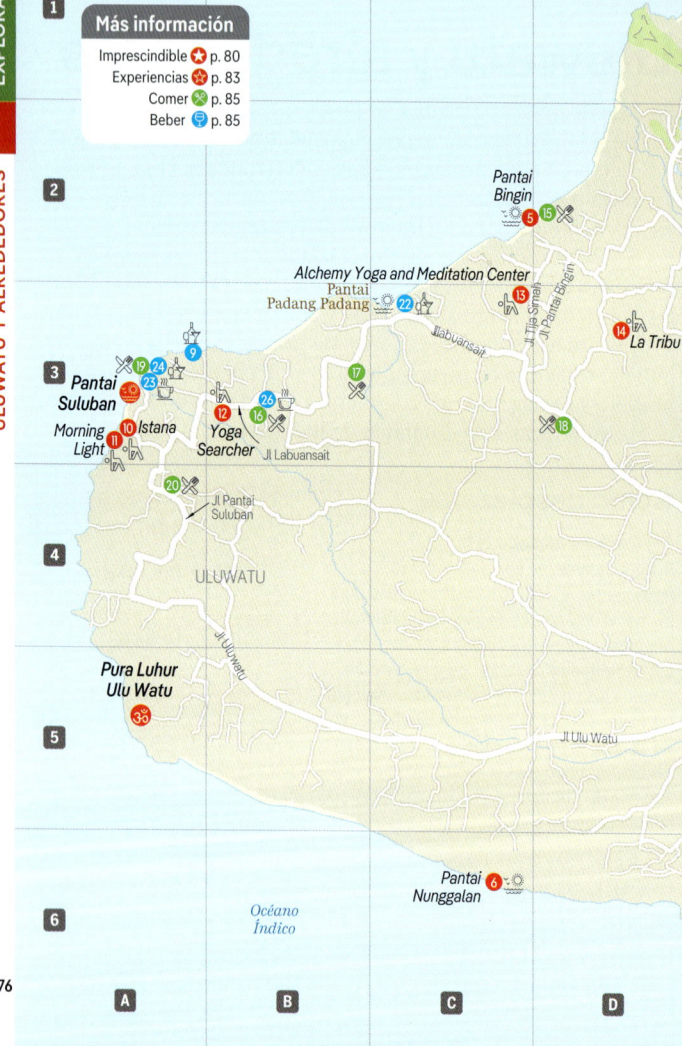

Más información

Imprescindible ⭐ p. 80
Experiencias ⭐ p. 83
Comer ✗ p. 85
Beber ☕ p. 85

Pantai
Bingin

Alchemy Yoga and Meditation Center
Pantai
Padang Padang

La Tribu

Jl Labuansait

Jl Tija Simeh

Jl Pantai Bingin

Pantai
Suluban

Morning
Light

Istana

Yoga
Searcher

Jl Labuansait

Jl Pantai
Suluban

ULUWATU

Jl Uluwatu

Pura Luhur
Ulu Watu

Jl Ulu Watu

Océano
Índico

Pantai
Nunggalan

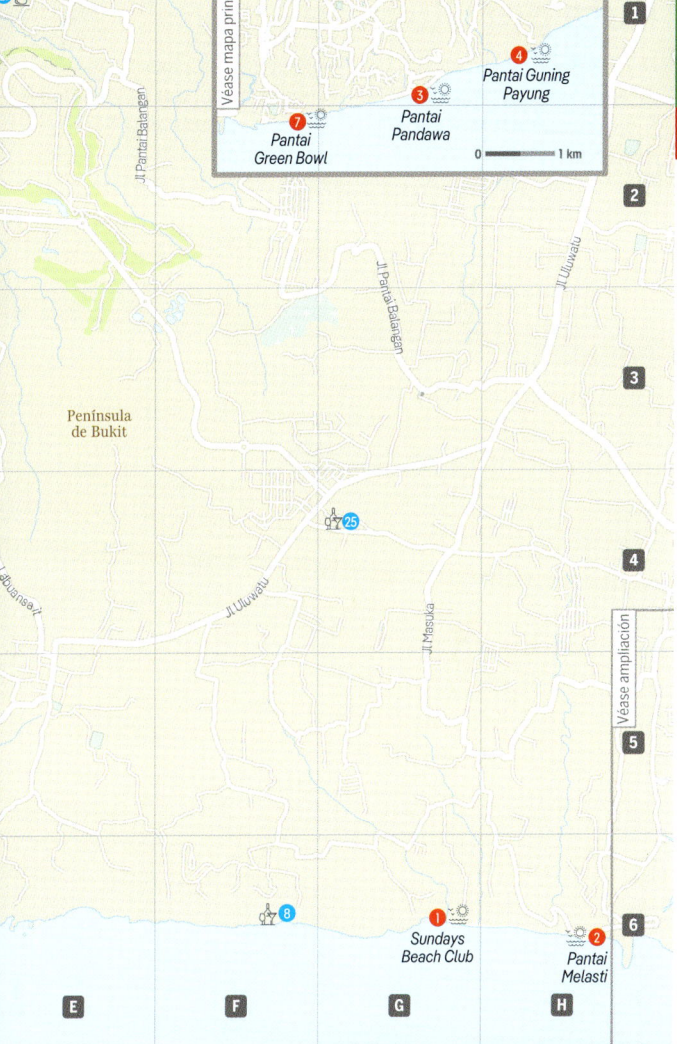

E
Pantai
Balangan
21

F

G

H

1

Véase mapa principal

4
Pantai Guning
Payung

3
Pantai
Pandawa

7
Pantai
Green Bowl

0   1 km

2

Jl Pantai Balangan

Jl Pantai Balangan

Jl Uluwatu

3

Península
de Bukit

25

4

Jl Uluwatu

Jl Masuka

Labuansa Jl

Véase ampliación

5

8

1
Sundays
Beach Club

2
Pantai
Melasti

6

E

F

G

H

CIRCUITO EN COCHE

Ruta por Uluwatu

Del noroeste a la costa sur, la península de Bukit está salpicada de idílicas playas de arena blanca con impresionantes acantilados. Intentar caminar entre playas y lugares de interés es peligroso por las carreteras estrechas y congestionadas y la falta de aceras. Pero circular en moto es fácil y permite descubrir en el camino las magníficas playas.

INICIO	FINAL	DURACIÓN
Pantai Balangan	Pantai Suluban	17 km; 3 h

(Mapa)

0 — 1 km

Océano
Índico

INICIO ①

② Jl Pantai Balangan

Jl Pantai
Bingin ②

③

FINAL ④

⑥

⑤

Jl Labuansait

Jl Labuansait

Jl Pantai
Suluban

ULUWATU

Jl Uluwatu

Jl Uluwatu

EXPLORA

ULUWATU Y ALREDEDORES

❶ Yo, Robinson Crusoe

Pantai Balangan ha resistido el catastrófico desarrollo que ha erradicado el encanto de las playas vecinas como Dreamland. La larga franja de preciosa arena blanca, con una heterogénea colección de desvencijados cafés de bambú de fondo, sobrevive (se aparca cerca de la arena), y las impresionantes vistas de las azules olas son tan buenas como siempre. Hay que tomar la serpenteante carretera asfaltada Jl Raya Uluwatu hasta Pantai Bingin (6,5 km).

❷ Bonitas sorpresas

En el risco que domina **Pantai Bingin** (p. 83) hay toda una serie de hoteles y pensiones junto a los acantilados. El paseo que baja a la playa es caótico, pero vale la pena por la arena blanca y el agua turquesa que no se ven desde los escarpados acantilados. Cafés como **Lucky Fish Lounge** (p. 85) están bien para almorzar.

❸ Una playa de Hollywood

Por Jl Labuansait se llega a la entrada de la pequeña **Pantai Padang Padang,** popular desde que apareció en *Come, reza, ama.* Hoy, la cala de arena blanca al final de la escalera de hormigón, frente a Labuansait, atrae a surfistas y gente que busca descanso. Hay que llegar pronto para conseguir tum-bona y sombrilla de alquiler. En la arena hay puestos de refrescos.

❹ Oculto por altura

Si se sigue por Jl Labuansait, se llega a los 130 empinados escalones que bajan por la cara del acantilado de piedra a la serena **Thomas Beach,** bastante escondida por la exuberante vegetación que envuelve sus empinadas laderas. Hay *warungs* (puestos de comida) y se puede nadar o surfear.

❺ Pausa para compras

Hay que explorar las tiendas y cafés de la curva de Jl Labuansait, sobre todo **Camden** (p. 85), un animado café y local de música. Si se tiene tiempo, vale la pena visitar **Elce,** que vende ropa de playa hecha en Bali, y también **Zealous Women's Surf Shop,** que tiene todo lo necesario sobre las olas.

❻ Las mejores vistas del mar en Bali

Pantai Suluban es conocida como entrada a los famosos **rompientes de surf de Ulus** (p. 82). También tiene de las mejores vistas del mar en Bali, como las de **Single Fin** (p. 85). Hay que aparcar la moto y explorar. Tras pasar por los cafés junto a los acantilados, se sale a una cala de piedra caliza. Con marea baja, se accede a una pequeña "playa escondida" a través de la cueva.

Pura Luhur Ulu Watu

Según las antiguas escrituras balinesas, el **Pura Luhur Ulu Watu** es un portal mágico que transporta al cielo a quienes lo ven. Es espectacular, y hasta alguien no entendido siente su importancia. Los espectáculos de danza al atardecer le dan aún más magia.

PLANO P. 76 **A5**

CONSEJO

El templo es el hogar de los monos. Hay que tener mucho cuidado, pues son aficionados a robar gafas de sol, teléfonos y lo que pillan. Para provocar una revuelta, solo hay que sacar un plátano.

Comprar en línea las entradas de las actuaciones de *kechak* evita colas.

Sagrado y hermoso

El paisaje, los cuidados jardines y los espectaculares acantilados sobre el Índico de 70 m de altura constituyen lo que sería un lugar espiritual de gran importancia, incluso sin la presencia de uno de los templos marinos más importantes de Bali. El templo se construyó en el s. XI y es de los lugares con mayor carga espiritual de Bali, aunque dadas las multitudes de buscadores de selfis cuesta recordar que es, ante todo, un lugar de culto. Hay que caminar con calma por el sendero de la cima del acantilado, que ofrece vistas maravillosas del templo y de las olas.

Templo del mar protector

Al legendario sacerdote del s. XVI Nirartha (hay una estatua suya de 8 m), se le atribuye la introducción de muchas de las complejidades del hinduismo balinés, así como el establecimiento de la cadena de los *pura segara* (templos del mar). Estos lugares costeros sagrados honran a los dioses del mar y protegen a Bali de los demonios marinos. Se pretendía que cada templo estuviera a la vista del siguiente, y varios tienen ubicaciones espectaculares, como el **Pura Tanah Lot** (p. 34).

CHEECHEW/GETTY IMAGES ©

Danza 'kechak' al atardecer

A medida que el sol comienza a esconderse bajo el Índico, el aire en torno al Pura Luhur Ulu Watu reverbera con el hipnotizante cántico de los artistas de *kechak* que cautivan a la audiencia reunida para contemplar esta muestra emblemática de la cultura balinesa. Con los majestuosos acantilados de Uluwatu al fondo, los bailarines representan cuentos del Ramayana (uno de los grandes libros sagrados del hinduismo). El atuendo tradicional de los bailarines, las llamas parpadeantes, y los sonidos y movimientos rítmicos crean un auténtico espectáculo. Si bien la danza *kechak* se representa en varios lugares de la isla, como **Ubud** (p. 116), la más popular es la de Uluwatu.

Hay que ir preparado para los atascos o esquivarlos con una moto (alquilada o conseguida por *app*), e intentar llegar una hora antes del espectáculo.

UNA PAUSA

A los excelentes cafés y restaurantes de Uluwatu se llega fácilmente en menos de 15 minutos en coche; también hay tentempiés sencillos disponibles en el recinto del templo.

★ **IMPRESCINDIBLE**

Pantai Suluban

Con sus olas constantes, Uluwatu es de los mejores lugares del mundo para surfear. Hay cinco picos en **Pantai Suluban,** que forman lo que cariñosamente se conoce como los "**Ulus**". Surfeados por primera vez a principios de los años setenta, estos rompientes fueron inmortalizados en la película clásica de los años setenta, *Morning of the Earth*.

PLANO P. 76 **A3**

EL MIRADOR DE ULUWATU

Los acantilados de Pantai Suluban ofrecen vistas excepcionales para observar la acción; es difícil superar la vista desde Single Fin y el grupo de cafés junto al acantilado.

Escanea este código QR para más información sobre las zonas de surf de Bukit.

Racetracks

Ninguno de los rompientes de Uluwatu es apropiado para principiantes. Los surfistas experimentados salen remando de la famosa cueva de Pantai Suluban (el punto de entrada de los Ulus) para llegar a **Racetracks.** Este es el tramo más rápido, con las paredes más empinadas y los tubos más redondos; durante las mareas media y baja se accede a algunos de los tubos más perfectos del mundo.

Peak y Outside Corner

Al sur de la cueva se encuentra el **Peak.** No es para timoratos, y es mejor evitarlo durante la marea baja, pues la poca profundidad resulta incómoda.

Outside Corner, donde el oleaje se triplica, es donde la "Balinese Pipeline" hace la magia de las olas grandes. Rompe pasado el Peak y cruza la línea de Racetracks.

Bombie y Temples

Al sur de Outside Corner (aunque rompe más allá) está **Bombie,** que alcanza los 12 m y debería evitarse a menos que uno sea muy bueno tomando olas grandes. Si se busca una ola tranquila, hay que ir a **Temples,** un lugar relativamente variable al sur del Peak; al tener que remar más hasta allí hay menos gente.

Escapadas de playa fáciles

PLAYAS DE ARENA BLANCA

La costa sur de Bali está salpicada de playas de arena blanca. Toda la región es una especie de lugar en construcción, pero abundan las comodidades y los selfis, ya que estas playas son destinos frecuentados de excursiones de un día y, a diferencia de otras playas, se llega fácilmente por carretera o en ascensor.

Sundays Beach Club (PLANO: **1** P.76 **G6**) es un lugar de playa con un buen restaurante. Hay tablas de surf de remo, kayaks y equipo de buceo; por la noche hay fogatas en la playa. Cerca está la popular **Pantai Melasti** (PLANO: **2** P.76 **H6**), con sus muchos y animados clubes de playa. Un arrecife forma piscinas naturales durante la marea baja, y hay una actuación de *kechak* (p. 81) al atardecer.

La concurrida **Pantai Pandawa** (PLANO: **3** P.76 **G1**), con restaurantes y tiendas, está unos 8 km al este por la costa. El camino hacia abajo, pasando por grandes estatuas de deidades hindúes talladas en nichos en la piedra caliza, es espectacular.

Hay que conducir unos 12 km más al este hasta la pequeña **Pantai Guning Payung** (PLANO: **4** P.76 **H1**). Se puede bajar en el autobús de enlace por las cinco curvas, o por los escalones. Un arrecife protege las olas de esta playa apartada, y es fácil pasar el día allí.

Perderse en Bingin

PLAYA IDÍLICA

PLANO: **5** P.76 C2

Es fácil perder un día o una semana en Bingin. Es un escenario en constante evolución, con alojamientos con estilos poco convencionales repartidos por los acantilados, y una franja de arena blanca debajo. Jl Pantai Bingin recorre 1 km desde la carretera principal de Uluwatu antes de bifurcarse en carriles salpicados de pensiones, hoteles y lugares para guardar el vehículo.

El paisaje es sublime, con acantilados selváticos que caen hasta **Pantai Bingin** y el borde espumoso del mar azul. Se llega a la arena por senderos que parecen trenzas deshechas, donde los estrechos y empinados escalones de hormigón se deshacen en varias hebras. El oleaje es desafiante (de 2 m y tubos de izquierda perfectos), pero las arenas cubiertas de rocas son tranquilas, y las vistas son fascinantes.

Es uno de los mejores lugares de Bukit para alojarse, con vistas a los acantilados y a la playa que uno no querrá abandonar. Los cafés en la arena, como Lucky Fish Lounge (p. 85), son lugares perfectos para pasar el rato.

Caminata a playas escondidas

PLAYAS REMOTAS

A algunas de las playas de la costa sur de Bukit se llega fácilmente en vehículo o ascensor. Pero a otras solo se llega a través de senderos

83

CLUBES DE PLAYA

Los clubes de playa privados están proliferando en torno a Bukit. **Savaya Bali** (PLANO: **8** P. 76 **F6**) es un exclusivo parque recreativo para adultos en la costa sur, cerca de varios resorts de lujo, con sus clubes de playa. Cerca de los **Ulus** (p. 82), **Ulu Cliffhouse** (PLANO: **9** P. 76 **A3**) ofrece un respiro privado del frenesí surfista. En estos lugares hay piscinas infinitas con vistas al mar, acceso a playas en calas y DJ. Casi todos ofrecen bocados *gourmet*, cócteles, zonas VIP y, a menudo, tarifas de entrada elevadas. El tráfico en el sur de Bali y Bukit puede hacer que conducir desde Canggu sea un suplicio; hay que ir con suficiente tiempo.

empinados y a menudo peligrosos que bajan por acantilados de piedra caliza. Esto las protege de las masas que hacen excursiones y ofrece la posibilidad de estar en soledad. Así que se puede disfrutar viendo olas que llegan de Australia y la Antártida.

A **Pantai Nunggalan** (PLANO: **6** P. 76 **C6**) se llega tras una extenuante caminata de 30 minutos. La playa de casi 2 km de largo está flanqueada por un arrecife y parece desierta, pero hay sombrillas y tumbonas. El barco naufragado con fragmentos cubiertos de grafitis es lo más destacado.

Hermosa, agreste y apartada, **Pantai Green Bowl** (PLANO: **7** P. 76 **F2**) está a 10 km de Nunggalan y encanta a los surfistas, que hacen cabriolas descalzos a lo largo del arduo sendero. No hay mucha playa durante la marea alta, pero la marea baja revela piscinas de rocas y cuevas.

Ser consciente en cuerpo y alma ESTUDIOS DE YOGA

Esta región rivaliza con Canggu y Ubud por su oferta de yoga. Hacer asanas sobre una colchoneta con vistas a la extensión del océano Índico es una buena forma de empezar el día.

El **Istana** (PLANO: **10** P. 76 **A3**) es un retiro lujoso sobre un acantilado con vistas a los **Ulus** (p. 82). Este centro de meditación ofrece dos clases de yoga al día, y se puede ir sin cita. Cerca del Istana, **Morning Light** (PLANO: **11** P. 76 **A3**) tiene clases diarias matutinas en un hermoso espacio con tejado de hierba rodeado de belleza tropical y vistas al mar.

Se puede elegir entre tres clases al día en **Yoga Searcher** (PLANO: **12** P. 76 **B3**), un "alojamiento ecológico para amantes del yoga", que también celebra talleres y actos de *kirtan* (canto devocional).

En Bingin, el **Alchemy Yoga and Meditation Center** (PLANO: **13** P. 76 **C3**) tiene diversas clases que enfatizan las filosofías saludables. Su cercano restaurante es una joya conceptual vegetariana. Cerca, **La Tribu** (PLANO: **14** P. 76 **D3**) se centra en el movimiento y ofrece clases como danza, flexibilidad y yoga. Hay clases para niños.

SUGERENCIAS

Lo mejor para...

$ Económico $$ Medio $$$ Alto

Comer

Cena evocadora

Lucky Fish Lounge $
15 D2
Café al aire libre de dos plantas encima de **Pantai Bingin** (p. 83). Para contemplar el surf y las vistas. *8.00-22.00*

Camden $$
16 B3
Precioso bar y cafetería de madera apartado de la carretera. Tiene piscina y música en vivo muchas noches. El mercado de fin de semana atrae a destacados vendedores de Bali. *8.00-2.00*

Comidas delicadas

Yeye's Warung $
17 B3
Lugar destacado de Uluwatu con zonas de madera para comer al aire libre, en un exuberante jardín. Hay favoritos balineses y clásicos occidentales. *12.00-21.00*

Warung Local $
18 D3
Popular restaurante de estilo local con platos indonesios. Gran opción económica; sabroso almuerzo de bufé. *8.00-22.00*

Jeffry Warung $
19 A3
En la zona de surf, es una opción discreta para surfistas serios. Bocadillos y clásicos indonesios por poco dinero. *7.00-19.00*

Land's End Cafe $$
20 A4
Café tranquilo con batidos, cuencos, desayunos y platos veganos. Tierra adentro, cerca del **Pura Luhur Ulu Watu** (p. 80). *8.00-15.00*

Beber

Bebidas con vistas

Bella Bali
21 E1
Este alegre café sobre pilotes de bambú en la arena adopta el ambiente de **Pantai Balangan**. *8.00-20.00*

Dugong Lounge & Bar
22 C3
Para contemplar la piscina infinita mientras se disfruta de los vinos, cócteles y zumos. *8.00-23.00*

La Terrazza
23 A3
Bebidas y bocados italianos en el acantilado. Vale la pena reservar mesa para disfrutar del atardecer de Bukit. *8.00-21.00*

Single Fin
24 A3
Famoso bar en los acantilados. Gran lugar para una copa al atardecer; los domingos por la noche hay ambiente. *8.00-22.00*

Café y más

White Rabbit Lounge
25 G4
Café que abre temprano; por la noche es un sensual bar clandestino. Extensa carta de cócteles. *8.00-2.00 mi-do*

Suka Espresso
26 B3
Lugar de reunión popular por sus fabulosos cafés y desayunos especiales; buena comida todo el día. *8.00-22.00*

85

Sugerencias
de lugares para
comer en
p. 93

Explora
Nusa Dua y alrededores

Nusa Dua, un complejo cerrado de resorts turísticos ideal para familias, es un lugar amplio y cuidado con playas tranquilas de arena blanca. La zona comenzó a construirse en los años setenta y se diseñó para competir con los resorts internacionales. Hay exposiciones culturales condensadas de cultura balinesa y los restaurantes de lujo de los resorts sirven cocina 'local' con cuentas elevadas.

Tras las puertas, hay más resorts hacia el oeste en la costa sur. Nusa Dua tiene un ambiente animado cuando se llena por una convención, pero es bastante tranquila en épocas de poca actividad. La península de Tanjung Benoa se extiende al norte y tiene más variedad de hoteles y atractivos.

Cómo desplazarse

 Coche y motocicleta

La autopista de peaje Bali Mandara acelera el trayecto de 14 km entre Nusa Dua y el aeropuerto, y Nusa Dua y Sanur; si no, uno queda atrapado en el tráfico de Uluwatu. Los amplios bulevares ajardinados de Nusa Dua rara vez se atascan, pero las carreteras de fuera sí.

 Taxi y coche compartido

Muchos restaurantes que no son de resort ofrecen transporte desde los hoteles de Nusa Dua y Tanjung Benoa, y es fácil conseguir taxis, así como viajes con Grab y Gojek.

LO MEJOR

PLAYA
Pantai Gegar (p. 91)

ARTE
Museo Pasifika (p. 91)

TARDE RELAJADA
Paseo marítimo (p. 91)

CLASE DE COCINA
Bumbu Bali Cooking School (p. 92)

'BRUNCH' DOMINICAL
Cucina del Sofitel (p. 92)

Pantai Nusa Dua (p. 89).
MURAT TEGMEN/ALAMY STOCK PHOTO ©

CIRCUITO A PIE

Paseo por Nusa Dua

Nusa Dua significa "dos islas" y este paseo incluye ambas. Estos atractivos oasis de verdor están junto a aguas tranquilas y ofrecen vistas a las playas y al océano. Sin embargo, al igual que los resorts, no son lo que parecen: ambas islas están unidas al continente por lenguas de tierra. Hay muchos lugares tranquilos de camino para parar un rato o una tarde entera.

INICIO	FINAL	DURACIÓN
Museo Pasifika	Blowholes	1,8 km; 2 h

❶ Arte para empezar

Se comienza en el **Museo Pasifika** (p. 91) para disfrutar de una dosis inesperada de cultura entre los cuidados jardines de Nusa Dua. Luego se camina de aquí para allá, por un agradable sendero arbolado que pasa por muy buenos cafés informales que sirven comida indonesia clásica. **Warung Naya's** (p. 93) es muy recomendable.

❷ Primera isla

Justo enfrente está la primera de las dos hermosas islas. Se camina por el sendero del istmo entre las dos tranquilas playas hasta **Nusa Dharma,** un pequeño islote en forma de cúpula con grandes extensiones verdes y el pequeño templo Nusa Dharma. Las vistas al oeste dan idea de la magnitud del enclave turístico.

❸ Playa de surf

Se regresa al istmo y se camina al sur por el **paseo marítimo,** a lo largo de las frecuentadas arenas de **Pantai Nusa Dua.** Para refrescarse, los locales de deportes acuáticos ofrecen tablas de alquiler de surf y surf con remo a precios mucho menores que los resorts. Nota para surfistas: durante la estación húmeda (oct-mar), el arrecife de la costa tiene un oleaje constante. El rompiente principal está 1 km al sur de la playa.

❹ Segunda isla

A continuación está **Nusa Gede** (Isla Península). Es mayor que Nusa Dharma y se ha convertido en un lugar especial para conciertos destinados a aumentar el atractivo de Nusa Dua entre la generación Z. Es un oasis verde, con vistas preciosas de la costa y de Nusa Penida.

❺ Obras de arte y tranquilidad

El hermoso y sereno **Jardín de la Esperanza** (Garden of Hope) está bordeado por piedra caliza muy irregular que contrasta marcadamente con el ajardinado entorno. Las piedras talladas tienen citas inspiradoras y hay muchas estatuas y otras obras de arte público. También es un buen lugar para un pícnic o una siesta.

❻ Cómo sopla

En el lado sureste de Nusa Gede, las fuertes olas chocan contra las rocas irregulares y, en algunos lugares, el agua se ve forzada a subir por estrechos y empinados huecos en la piedra caliza, creando erupciones espectaculares. Un sendero y un mirador acercan a los **respiraderos de Nusa Gede,** pero el sendero abre a las 9.00, así que no puede verse el amanecer.

A B C D

1

Véase
ampliación

BENOA

Teluk
Benoa

BMR Dive &
Water Sports

N 0 _____ 1 km

Masjid
Jami'Mujahidin 11

21

10 9 Pura
Dalem
Ning

Caow
Eng Bio

BENOA

0 _____ 200 m

2

Teluk
Benoa

Bumbu Bali
Cooking School 6

Selat
Badung

Jl. Pratama

3

Conrad Bali 5

Playa
Sri Lanka

Jl. Ngurah Rai Bypass

Jl. Pratama Raya

16

7

Jl. Pratama

4

Jl. Nusa Dua

NUSA DUA

17

Museo
Pasifika 3

19

BUALU

Jl. Srikandi

12

Jl. Raya Bualu Ungasan

13

Jl. Pantai Mengiat

18

Jl. Terompong

5

Campo
de golf

St Regis Bali Resort

4

15

Pantai
Gegar 1

6

Jl. Pura Gegar

22

2 Pura Gegar

Más información

Experiencias ✦ p. 91
Comer ✖ p. 93

14

A B C D

Diversión familiar en la playa

PLAYA FAMILIAR

Pantai Gegar (PLANO: **1** P. 90 **B5**) gusta mucho a las familias. La arena blanca es fina y los arrecifes alejan las olas de la orilla. Es mejor ignorar el resort Mulia de 700 habitaciones que se alza al sur y disfrutar de un día sin preocupaciones entre los cafés y tumbonas de alquiler. Las tranquilas aguas de la playa son ideales para los kayaks y tablas de surf a remo. Los surfistas toman un barco desde este punto hacia el rompiente de Nusa Dua, donde hay buenas olas y oleaje pequeño durante la marea baja o media.

La playa también es ideal para pasear; hay que ir al norte para llegar al **paseo marítimo,** o al sur y subir el acantilado hasta el pequeño **Pura Gegar** (PLANO: **2** P. 90 **B6**), a la sombra de árboles retorcidos. Las vistas son estupendas, y se puede ver a nadadores que han llegado al sur por las aguas tranquilas y poco profundas que rodean el acantilado.

Los fines de semana las arenas de Gegar se llenan de familias de expatriados.

Arte magnífico

MUSEO DE ARTE

PLANO: **3** P. 90 **C4**

Cuando no haya grupos de turistas de los resorts cercanos, probablemente se tenga el gran **Museo Pasifika** para uno solo. La colección de arte de varias culturas del océano Pacífico es impresionante: abarca varios siglos y más de 600 cuadros (destacan los *tikis*). La influyente ola de artistas europeos que hubo en Bali a principios del s. xx está bien representada con obras de Arie Smit, Theo Meier y **Adrien-Jean Le Mayeur de Merpres** (p. 99). También hay obras de Matisse y Gauguin. Cerca de la entrada hay una obra de Miguel Covarrubias, una celebración del viaje y la cultura de la década de 1930.

Un fabuloso paseo por la playa

PASEO MARÍTIMO

Una de las características más bonitas de Nusa Dua es el **paseo marítimo** de 5 km de largo que se extiende a lo largo de todo el enclave desde el **St Regis Bali Resort** (PLANO: **4** P. 90 **B5**), en el sur, y al norte por la playa del **Conrad Bali** (PLANO: **5** P. 90 **B3**).

Es un paseo fácil, con vistas hasta Nusa Penida. El desfile de enormes resorts ofrece muchas razones para hacer una pausa, ya que los cafés de lujo se suceden en la playa. Se puede tomar un cóctel con nombre imposible en bares de piscina; acariciar la arena con los dedos de los pies, y refrescarse las extremidades en las suaves olas.

VOLAR SOBRE EL AGUA

Los centros de deportes acuáticos de Tanjung Benoa ofrecen diversas emociones acuáticas. Cada mañana llegan autobuses con excursionistas del sur de Bali, y a las 10.00 los paravelistas ya están volando. Todos los centros cuentan con vendedores insistentes cuyo trabajo es vender al visitante el paseo en plátano acuático de sus sueños. Hay que comprobar el equipo y las credenciales antes de inscribirse, ya que han muerto turistas en accidentes en el agua.

BMR Dive & Water Sports (PLANO: **8** P. 90 **B1**; *bmrbaliofficial. com/*) es un operador con solera. Ofrecen numerosas actividades acuáticas y todas pueden reservarse en línea.

Aprender cocina balinesa
ESCUELA DE COCINA

PLANO: **6** P. 90 **B2**

La aclamada **Bumbu Bali Cooking School** en el restaurante homónimo intenta llegar a las raíces de la cocina balinesa. Los cursos empiezan con una introducción a los sabores balineses a cargo del chef, autor y propietario Heinz von Holzen. La importancia de las especias aromáticas se detalla antes de preparar 12 platos emblemáticos. Los alumnos (8 máx.) se deleitan con su trabajo en el almuerzo. Se recomienda reservar (*artcafebumbubali.com*). Es de los mejores restaurantes de Bukit.

El mejor 'brunch' de Bali
'BRUNCH' DOMINICAL

PLANO: **7** P. 90 **C4**

Hay que ir al **Sofitel Bali Nusa Dua Beach Resort,** sede de la Cumbre del G20 en el 2022, para disfrutar del *brunch* dominical del Cucina del Sofitel. Es de los mejores de la isla, pero cuesta mínimo 900 000 IDR. Se sirve de 11.00 a 15.00 y se recomienda reservar.

Ver la Pancasila en acción
LUGARES RELIGIOSOS

El principio fundador de Indonesia es la Pancasila, una teoría filosófica básica de unidad que sostiene la creencia en Dios sin tener en cuenta una religión específica, un principio importante en una nación con una gran variedad de credos, incluidos seis reconocidos oficialmente.

Se puede presenciar esta filosofía de primera mano en el pueblo de Benoa, en la punta de la larga y estrecha península de Tanjung Benoa; a 200 m uno de otro hay tres lugares de culto diferentes: el **Pura Dalem Ning** (PLANO: **9** P. 90 **D1**) es un templo hindú balinés con una imponente entrada triple; **Caow Eng Bio** (PLANO: **10** P. 90 **D1**) es un templo budista chino de vivos colores donde siempre se quema incienso; y la **Masjid Jami'Mujahidin** (PLANO: **11** P. 90 **C1**) es una mezquita con cúpula.

Lo mejor para...

Localizaciones en el plano de la p. 90

EXPLORA

NUSA DUA Y ALREDEDORES

$ Económico $$ Medio $$$ Alto

Comer

Cocina balinesa

Warung Dobiel $

12 B4

Un poco de auténtica gastronomía en las anodinas calles. Buena parada para el *babi guling* (cerdo asado), con taburetes y mesas compartidas. *10.00-16.00*

Art Cafe Bumbu Bali $$

13 B5

Amplia extensión en Nusa Dua de la veterana **Bumbu Bali Cooking School** (p. 92), en Tanjung Benoa. Ofrece la mejor comida local. *9.00-22.00*

Lujosas comidas de resort

Koral Restauran $$$

14 B6

¿Por qué mirar un pescado cocinado si se puede verlo nadar? En el Apurva Kempinski Bali, de una arquitectura impresionante, un enorme acuario rodea el comedor. *12.00-15.00, 18.00-22.00*

Kayuputi $$$

15 B5

Se puede cenar junto a la playa en un restaurante lujosísimo en el **St Regis Bali** (p. 91). El menú de degustación es ilimitado. *12.00-22.00*

Hotel Dining

Udupi $$

16 B3

Restaurante indio con estilo en un hotel de gama media. Carta larga, con énfasis en lo vegetariano. *8.00-22.00*

Arwana $$$

17 C4

En el paseo marítimo del resort The Laguna; es popular el *brunch*. También sirve bistecs, ensaladas y bocadillos. *11.00-22.00*

Pasar Senggol $$$

18 C4

En el Grand Hyatt Bali, se sirve un bufé indonesio y balinés todas las noches e incluye una actuación de danza balinesa. El secreto es pedir al personal especias al "estilo balinés". *18.00-22.00*

Comidas económicas

Warung Naya's $

19 C4

Uno de los cafés indonesios modestos cerca de Nusa Dharma, con mesas a la sombra. *8.00-20.00*

Atlichnaya $

20 B2

Café-bar animado y alegre con tres locales en la zona de Tanjung Benoa. Los cócteles y platos occidentales y autóctonos cuestan mucho menos que en los resorts. *15.00-23.00*

Marisco informal

Surya Cafe $

21 D1

Este sencillo asador de mariscos en el norte de Tanjung Benoa tiene vistas al canal de navegación. Todo es fresco. *12.00-21.00*

Nusa Dua Beach Grill $$

22 B6

Buen lugar para excursionistas de un día, pasado el resort Mulia. Extensa carta de bebidas, marisco fresco y un relajado ambiente playero. *9.00-21.00*

Sugerencias de lugares para comer y beber en **p. 101**

Explora
Sanur

Sanur sigue siendo popular por su ambiente familiar y sus concurridos muelles para barcos rápidos a islas cercanas como Nusa Penida y Lembongan. Nunca se está lejos del paseo marítimo, que se extiende varios kilómetros y discurre por cafés, restaurantes y lugares interesantes, y es fácil encontrar un agradable espacio de arena sin gente.

Sanur aumentará su actividad en años venideros con la apertura del enorme Hospital Internacional de Bali, destinado al mercado médico lucrativo que ha enriquecido a Bangkok, y el gigantesco centro comercial Icon Bali Mall, inaugurado en el 2024 y que, incongruentemente, está en la playa.

Cómo desplazarse

 Coche y motocicleta

Sanur limita con Denpasar y todo lo que hay en la capital en expansión está a un corto trayecto en coche, mientras que Ubud está al norte, lo cual es práctico. Para los viajes a/desde el aeropuerto, es mejor la autopista de peaje. La carretera de circunvalación de Ngurah Rai que pasa por Sanur suele estar atascada. La concurrida zona de Jl Danau Tamblingan es la columna vertebral comercial de Sanur y discurre paralela a la playa.

A pie

El paseo marítimo de Sanur es una forma pintoresca, agradable y respetuosa con el medio ambiente de recorrer la zona.

Barcos de pesca tradicionales, playa de Sanur (p. 99).

LO MEJOR

CULTURA
Museo Le Mayeur (p. 99)

MERCADO NOCTURNO
Pasar Sindhu (p. 99)

PLACER DIURNO
Paseo marítimo de Sanur (p. 100)

KAYAK
Playa de Sanur (p. 99)

EVENTO DE TEMPORADA
Festival de Cometas de Bali (p. 100)

CIRCUITO A PIE

Paseo por Sanur

El paseo marítimo de Sanur lleva décadas deleitando a residentes y visitantes. Con más de 5 km de longitud, discurre entre resorts, cafés, templos, barcos de pesca, vendedores y elegantes villas construidas hace décadas por expatriados adinerados que quedaron hechizados por Bali. Al pasear, se contempla la isla de Nusa Penida. El paseo también es ideal para pedalear (p. 100).

INICIO	FINAL	DURACIÓN
Warung Mak Beng	Playa de Mertasari	5 km; 3 h

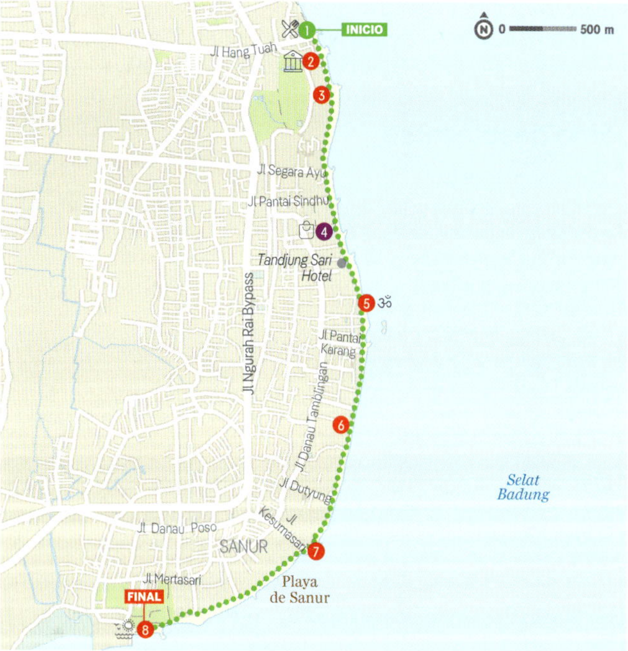

① Comida legendaria

Allí donde Jl Hang Tuah termina en el mar, está el popular **Warung Mak Beng** (p. 101), ideal para disfrutar de un reconfortante y legendario *ikan laut goreng* (pescado a la barbacoa).

② Arranque artístico

Si se sigue desde el Warung Mak Beng hacia el sur por el paseo marítimo, pronto se llega al recinto cercado del **Museo Le Mayeur** (p. 99), antiguo hogar del artista Adrien-Jean Le Mayeur, y actualmente un museo que alberga 90 de sus obras.

③ Un milagro médico

Por el paseo marítimo se llega al **Grand Bali Beach Hotel.** Construido en 1965 para impulsar el turismo internacional, el hotel horrorizó a los balineses, que rápidamente aprobaron una norma por la cual ningún edificio podía ser más alto que un cocotero. El viejo hotel estuvo en cuidados intensivos hasta que se le echó un cable con la llegada del Bali International Hospital.

④ Encuentro entre lo viejo y lo nuevo

Pronto se descubre otro cambio radical en Sanur: el enorme **Icon Bali Mall,** que resulta un tanto chocante en la costa. Felizmente, un poco más adelante está el elegante **Tandjung Sari Hotel,** construido en los años sesenta por artistas locales para convertirse en un modelo para los hoteles de toda la isla.

⑤ Magnífico templo

Más adelante se encontrará el **Pura Tanjung Sari,** con la clásica *candi bentar* (puerta dividida) tallada con profusión de detalles.

⑥ Lujo con gusto

El lujo privado de la finca de **Batu Jimbar** es un ejemplo temprano de la arquitectura "estilo Bali". Fue rediseñada por el arquitecto esrilanqués Geoffrey Bawa en 1975. Mick Jagger y Jerry Hall se casaron allí de forma no oficial en 1990, y ha alojado a famosos como Yoko Ono o Sting.

⑦ Vida local

Siguiendo hacia el sur, hay que buscar los **barcos de pesca tradicionales** multicolores de la orilla, con caras pintadas en las proas. También se verán los **tanques de tortugas** cerca de Jl Kusumasari, donde hay crías y exposiciones interesantes sobre las tortugas marinas en peligro de extinción de Bali.

⑧ Diversión al sol

A medida que uno se acerca a **Pantai Mertisari,** la playa se convierte en el dominio de los residentes que acuden a nadar y pasear por el rompeolas. Los sencillos *warungs* (puestos de comida) venden refrescos.

A B C D

7 6

5 Puerto de
barcos rápidos

N 0 ──────────── 500 m

Más información

Experiencias ⚜ p. 99
Comer ✖ p. 101
Beber 🔵 p. 101

1

Jl Ngurah Rai Bypass

Jl Hang Tuah

Jl Hang Tuah

8

Museo
Le Mayeur

1 🏛

2

Jl Danau Batur

Jl Danau Buyan

Jl Danau Tondano

3

Jl Segara Ayu

16 **15**
Jl Pantai Sindhu
12

2 ✖

Selat
Badung

Jl Ngurah Rai Bypass

4

17

13 ✖

Jl Pantai Karang

Jl Danau Tamblingan

5

Jl Tirtanadi

4 Paseo marítimo
de Sanur

14 ✖

Jl Dulyune

3 Playa de Sanur

Jl Ngurah Rai Bypass

9 ✖

10 ✖

6

Jl Danau Poso

SANUR

Jl Kesumsari

Jl Cemeta

11

A B C D

Arte junto a la playa   MUSEO DE ARTE

PLANO: ❶ P. 98 **C2**

El artista Adrien-Jean Le Mayeur de Merpres (1880-1958) llegó a Bali en 1932 y, de forma controvertida, se casó con la bailarina de *legong* Ni Polok a los tres años, cuando ella tenía solo 15 años y él 52. Vivieron en el complejo que ahora alberga el **Museo Le Mayeur,** cuando Sanur aún era un tranquilo pueblo de pescadores. Tras la muerte del artista, Ni Polok vivió en la casa hasta su muerte en 1985. La casa es un ejemplo interesante de arquitectura de estilo balinés: las bellas contraventanas talladas cuentan historias del Ramayana, y el museo tiene un interior naturalista de fibras tejidas.

Se exponen casi 90 cuadros de Le Mayeur: algunas obras tempranas son pinturas impresionistas de sus viajes, mientras que las de su primer período en Bali son representaciones románticas de la vida cotidiana. Las obras de la década de 1950 están en mejor estado y muestran los vivos colores populares entre los jóvenes artistas balineses.

Deleitarse con la comida indonesia   MERCADO NOCTURNO

PLANO: ❷ P. 98 **B3**

El bullicioso mercado nocturno **Pasar Sindhu** de Sanur (o mercado de Senggol) parece pequeño a primera vista, pero sus puestos de comida son fantásticos para probar gran variedad de comida indonesia sabrosa y tradicional. Cada uno se especializa en algo diferente, y casi todo se prepara ante el cliente. Se puede terminar con delicias como *pisang goreng* (buñuelos de plátano) y *onde-onde* (bolas de arroz dulce rellenas de azúcar de palma), que se venden en un carro cerca de la entrada.

Kayak por la costa de Sanur   DEPORTES ACUÁTICOS

PLANO: ❸ P. 98 **C6**

La costa de Sanur está protegida por una barrera de 7 km de arrecifes que crean playas sin olas, toda una novedad en el sureste de Bali. Incluso con marea alta, el agua cristalina de esta "laguna" rara vez llega por encima de la cintura, lo que la convierte en un lugar ideal para kayak y tablas de surf de remo. Incluso cuando las olas rompen contra el arrecife exterior, la superficie especular de la **playa de Sanur** está tan tranquila que hasta los principiantes se mantienen de pie en la tabla.

Es muy relajante tomar el sol paseando por el arrecife, flotando sobre estrellas de mar y entre barcos anclados. Hay tradicionales *jukung* (barcos de madera con fondo plano) con batanga, cuyas proas están adornadas con largas "narices" de pez espada y ojos que miran fijamente, algo único de esta

EXCURSIÓN DE UN DÍA A LAS ISLAS

Las islas de **Nusa Lembongan** y **Nusa Penida** (p. 134), que dominan el horizonte frente a Sanur, son ideales para excursiones de un día, aunque muchos visitantes se quedan más.

Nusa Lembongan tiene playas acogedoras con cafés y bares y acepta su ambiente de isla bohemia. Nusa Penida es mucho mayor y más de aventura, con playas agrestes a las que se llega mediante atrevidos paseos y carreteras. Ambas ofrecen buceo en los arrecifes.

Hay servicios regulares de varias empresas desde el **puerto de barcos rápidos** (PLANO: **5** P. 98 B1), al norte de la playa. Conviene comparar precios y comprar los billetes en línea (15 US$ aprox. por adelantado) para evitar estafas en persona.

parte de la isla. Se alquilan tablas de surf de remo y kayaks en el paseo marítimo de Sanur.

Pedalear por la playa de Sanur

CICLISMO

PLANO: **4** P. 98 **C5**

Con más de 5 km de longitud (y opción de seguir por la costa), el **paseo marítimo de Sanur** es ideal para recorrer en bicicleta una de las mejores ciudades para familias de Bali. Alquilan bicicletas los alojamientos y los negocios que hay a lo largo de la ruta (algunos las ofrecen infantiles). El paseo se ha diseñado pensando en las bicicletas y, en gran parte de su recorrido, hay un carril-bici. Durante el recorrido hay gran cantidad de lugares para parar, y siempre hay tentempiés cerca. También es ideal para pasear (p. 96).

Volar una cometa

FESTIVAL

En la temporada de viento (maysep), el cielo de Bali se llena de cometas gigantes, no solo como pasatiempo, sino también como agradecimiento a los dioses por las cosechas abundantes. Por unos días, todas las miradas se vuelven a **Pantai Padang Galak** (PLANO: **6** P. 98 A1), a 1,5 km al norte de Sanur, en el paseo marítimo, centro del **Festival de Cometas de Bali** (PLANO: **7** P. 98 A1), donde los equipos compiten por conseguir que las cometas más espectaculares y gigantescas se eleven en las térmicas (corrientes de aire ascendente). Este colorido festival se celebra en julio o agosto; las fechas exactas varían en función del viento necesario para que se eleven las enormes cometas, que a veces miden más de 4 m de ancho y 10 m de longitud. Muchas tienen matracas llamadas *gaganguan,* que producen extraños murmullos y zumbidos exclusivos de cada cometa.

Lo mejor para...

💲 Económico 💲💲 Medio 💲💲💲 Alto

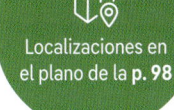

Localizaciones en el plano de la **p. 98**

EXPLORA

SANUR

Comer

Cocinas con talento

Warung Mak Beng 💲

8 B1

En este restaurante local, un clásico, solo hay una opción: su legendario *ikan laut goreng* (pescado a la barbacoa), servido con guarniciones y sopa. Servicio rápido. *9.00-21.00*

Rumah Makan Sari Bundo 💲

9 A6

Este impecable local de estilo padang sirve comida fresca y especiada. Los curris picantes provocan una mezcla de amor y odio. *24 h*

Massimo 💲💲

10 B6

Como un alegre café milanés por dentro y un jardín balinés por fuera. Tiene la mejor *pizza* de Sanur. Venta de helados en la terraza. *11.00-23.00*

Mesas con vistas

Stuja di Pantai 💲💲

11 B6

Comida todo el día junto a la playa de Sanur. Se puede tomar café por la mañana y los mejores pasteles de Sanur. Pueden visitarse los tanques de rescate de tortugas marinas cercanos. *6.00-22.00*

Soul on the Beach 💲💲

12 C3

Café tranquilo y alegre con mesas en la arena. Carta internacional con ingredientes frescos. *7.00-23.00*

Locales en hoteles del paseo marítimo

Laghawa Sea Side Bar 💲💲

13 C4

Uno de los cafés de hotel más atractivos, con cómodos asientos a la sombra de los árboles en la arena. Buenos desayunos (y café). *7.00-anochecer*

Fisherman's Club 💲💲

14 C5

Pescado y marisco de calidad, clásicos indonesios y platos occidentales, todo ello con el estilo de un resort Hyatt. Ubicación inmejorable en noches templadas. *8.00-22.00*

Beber

Bebidas en la playa

Byrd House 💲💲

15 C3

Un lugar relajado al aire libre bajo altas palmeras. Los cócteles al atardecer ofrecen vistas del Gunung Agung y Nusa Penida. *7.00-23.00*

Shotgun Social 💲💲

16 B3

En un gran jardín, con cervezas artesanales de barril, amplia carta de cócteles y zona de juegos para niños. Buena comida y muchas familias los fines de semana. *10.00-23.00*

Casablanca 💲💲

17 B4

Bar-restaurante animado de noche, con música en vivo todas las noches. Abre hasta tarde para los estándares de Sanur. *15.00-1.00*

Sugerencias de lugares para comer y comprar en **p. 109**

Explora
Denpasar y alrededores

Denpasar, capital de Bali, ha sido el centro de gran parte de la expansión y riqueza de la isla en las últimas siete décadas. A veces está tan concurrida que abruma, pero al pasear por las calles arboladas del distrito gubernamental y de negocios de Renon se descubre un lado más refinado.

Quizá Denpasar no sea un paraíso tropical, pero es tan parte de Bali como los arrozales y los templos. Es el centro de la isla para un millón de residentes, con centros comerciales, parques y el animado mercado Pasar Badung. Merece la pena explorar con calma los numerosos lugares de interés y restaurantes.

Cómo desplazarse

 Coche y viajes compartidos

Como Denpasar es calurosa y polvorienta, es desagradable viajar en moto; lo más cómodo es el coche. Hay *apps* que facilitan conseguir un taxi. De día las calles principales de Denpasar suelen estar atascadas, así que se evitan molestias haciendo una parada en uno de sus muchos y excelentes restaurantes.

 **Autobús**

En el caso improbable de que se llegue a Bali en autobús, la terminal de Mengwi está en el noroeste de la ciudad.

★

LO MEJOR

MUSEO
Museo Negeri Propinsi Bali
(p. 105)

MERCADO DE ALIMENTOS
Pasar Badung (p. 108)

HISTORIA BALINESA
Monumento Bajra Sandhi
(p. 108)

FESTIVAL
Bali Arts Festival (p. 108)

IMPACTO SOCIAL
Turtle Conservation and
Education Center (p. 108)

Pasar Badung (p. 108).

DENPASAR Y ALREDEDORES

Jl Hayam Wuruk

Jl Moh Yamin

RENON

Jl Raya Puputan

Jl Dewi Madri

Jl Kartawijaya

Jl Cok Agung Tresna

Monumento Bajra Sandhi

Jl Dr Kusmah Atmaja

Bali Arts Festival

Jl Drupadi

KEDATON

Jl Badak Agung

Jl Panjaitan

Jl Letda Tantular

Jl Tukad Ganega

Jl Plawa

Jl Hayam Wuruk

Jl Jayagiri

Jl Kamboja

Más información

Imprescindible	✚	p. 105
Experiencias		p. 108
Comer	✗	p. 109
Comprar		p. 109

Jl Cok Agung Tresna

Jl Surapati

Jl Kapten Agung

Museo Negeri Propinsi

Jl Udayana

Jl Sudirman

Jl Teuku Umar

Jl Sumatra

Jl Gajah Mada

Jl Diponegoro

Jl Sulawesi

Pasar Badung

Jl Hasanudin

Sungai Badung

Jl Nusakambangan

Jl Thamrin

Jl Imam Bonjol

Jl Teuku Umar

Jl Raya Puputan

N   500 m

★ IMPRESCINDIBLE

Museo Negeri Propinsi Bali

La cultura y tradiciones de Bali son una parte tan importante de su vida cotidiana que es fácil pasar por alto la historia antigua de la isla, pero hay un registro permanente de su pasado en el museo más antiguo y mayor de Bali, el **Museo Negeri Propinsi Bali,** en la parte antigua Denpasar.

Descubrimientos antiguos

Se comienza cronológicamente en el **Gedung Timor** (Edificio Este), que alberga herramientas de la Edad de Piedra y otros objetos de diferentes períodos de la historia de Bali. La información carece de contexto, pero es una colección fascinante.

Cultura y fe

Las exposiciones y explicaciones en los otros tres edificios del museo son más completas: el **edificio Buleleng** se centra en monedas, en su uso en rituales, y en hermosas artesanías y textiles. Las exposiciones del **edificio Karangasem** se centran en el hinduismo balinés, y el **edificio Tabanan** alberga una impresionante colección de *kris,* las dagas ceremoniales de valor simbólico y espiritual. También alberga trajes de baile y máscaras, incluida una siniestra *rangda* (bruja; espíritu de magia negra de los cuentos y danzas balineses), un Barong (criatura mítica con forma de león y perro) de aspecto saludable y un altísimo Barong Landung.

Arquitectura con significado

Los patios, puertas y pabellones del museo muestran diferentes estilos arquitectónicos de Bali: el **pabellón Tabanan** está construido con postes del patio de un noble de Tabanan; el **pabellón Karangasem** se construyó al estilo de una sala de audiencias de un palacio del este de la isla; y el **pabellón Buleleng** se construyó al estilo de una residencia del norte.

PLANO: P. 104 **C1**

CONSEJO
Al entrar al museo, ofrecen sus servicios guías no oficiales que añaden poco a la visita. Es mejor limitarse a leer los carteles en inglés.

Paseo por Denpasar

Por las calles arboladas del corazón de Denpasar se abren ventanas a la historia y cultura de Bali. Es el centro comercial y gubernamental de la isla; incluso fue el foco del turismo cuando Seminyak, Canggu y Uluwatu no eran más que motas en el mapa. Este breve paseo incluye el principal museo de Denpasar, su mayor mercado tradicional y numerosos lugares destacados.

INICIO	FINAL	DURACIÓN
Pasar Badung	Museo Negeri Propinsi Bali	1,25 km; 3 h

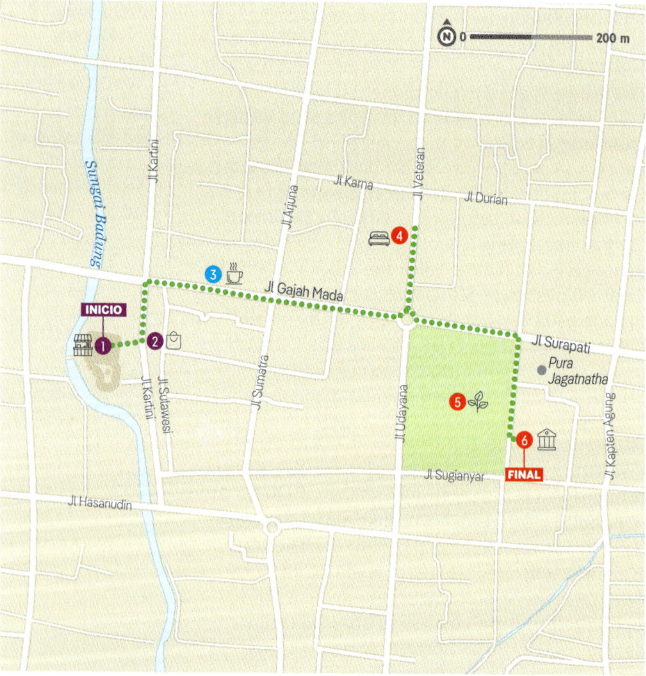

❶ Inicio en el mercado

El animado **Pasar Badung** (p. 108) es el mayor mercado de la isla. Uno se pierde en su interior al recorrer las plantas de especias, fruta, verdura, carne y artículos para el hogar.

❷ Un derroche de color

Al este del Pasar Badung, Jl Sulawesi alberga un tramo de tiendas de tejidos. Los colores de los batiks, algodones, sedas, etc. son de una viveza deslumbrante. Un buen lugar para empezar es **Madju Batik Bali** (p. 109). Muchas tiendas cierran los domingos.

❸ La manzana más antigua

La manzana de Jl Gajah Mada, al este de Jl Sulawesi, es lo más antiguo de la comercial Denpasar. Se puede tomar café en el pequeño **Bhineka Djaja,** que tuesta granos cultivados en Bali desde 1935, y curiosear las tiendas que ofrecen artículos de uso diario como medicamentos, hierbas, uniformes y máquinas de coser. Se puede echar un vistazo a los mostradores de madera de **Toko Poon.**

❹ Hotel histórico de Bali

El **Inna Bali Heritage Hotel** tiene un enorme baniano, profundas terrazas tradicionales y un cierto encanto nostálgico. Data de 1927 y en su día fue el principal hotel turístico de la isla. Si se escucha a los veteranos empleados, tienen muchas historias que contar. En el apogeo del hotel (hace muchas décadas), alojó a Charlie Chaplin, la reina Isabel II, Mahatma Gandhi y otras celebridades.

❺ Plaza conmemorativa

El centro de la antigua Denpasar es la **plaza Puputan,** que parece un parque. La estatua de una familia que muestra fortaleza ante la muerte recuerda la postura suicida de los rajás de Bali frente a los colonizadores neerlandeses en 1906 (la palabra *puputan* significa "suicidio ritual en masa"). Al este, el elaborado Pura Jagatnatha es un templo recién renovado dedicado al dios supremo Sanghyang Widi. Es un buen ejemplo de la disposición espacial que dicta la distribución de todos los templos de la isla.

❻ El museo de la isla

Se termina en el **Museo Negeri Propinsi Bali** (p. 105), que alberga entre sus tesoros reliquias del pasado de la Edad de Piedra de la isla.

Para una extraordinaria visita guiada por la antigua Denpasar, puede reservarse un paseo con **I Gusti Ngurah Parta Wijaja** (WhatsApp: +62 8135 322 0414), vecino de Denpasar que explica las complejidades de la cultura, la religión y la historia de Bali.

Pasear por el mayor mercado de Bali
MERCADO

PLANO: **1** P. 104 **B1**

Denpasar significa "al lado del mercado", y el **Pasar Badung** es el mayor mercado tradicional de la isla. Siempre se comercia con algo en este imponente complejo y sus alrededores, y es un lugar divertido y animado para visitar. Cada planta es diferente, con especias en la planta baja; fruta, verdura y carne en la segunda, y artículos de menaje y religiosos en la tercera.

Para ver el mercado en pleno auge, conviene ir antes de las 10.00. A las 16.00 el comercio casi ha terminado, y la acción se traslada a las calles.

Honrar la independencia de Bali
MONUMENTO Y MUSEO

PLANO: **2** P. 104 **E4**

El imponente **monumento Bajra Sandhi** conmemora la resiliencia del pueblo balinés y su lucha por la independencia de los colonos neerlandeses. Se levanta en el centro de un popular parque, y la ornamentada estructura está cargada de simbolismo. Conducen a la entrada principal 17 escalones, dentro del monumento hay ocho pilares, y mide 45 m de altura. Estos elementos representan el 17-8-1945, Día de la Independencia de Indonesia. En el interior, los dioramas recorren la historia de Bali.

Unirse a la batalla de las artes
FESTIVAL DE ARTE

PLANO: **3** P. 104 **E1**

El Festival de las Artes de Bali, que se celebra anualmente en el **Taman Werdhi Budaya Art Centre,** presenta una gran variedad de danza tradicional, música y artesanía. Las producciones de danza son grandiosas y la ceremonia de apertura y el desfile de Denpasar son espectaculares.

El festival, que dura un mes (en jun/jul), es importante para los muchos grupos que actúan. La competencia es feroz y el orgullo local está en juego. Algunos actos tienen lugar en un anfiteatro con aforo para 6000 personas, y las entradas suelen estar disponibles antes de las funciones; los horarios están en línea. El festival no tiene web; hay que estar atento a los sitios de noticias locales y a las redes sociales.

Adoptar y liberar tortugas
RESERVA NATURAL

PLANO: **4** P. 104 **B3**

El **Turtle Conservation and Education Centre** (*tcecserangan. jimdofree.com;* en Pulau Serangan, 20 min al sur de Denpasar) rescata y cuida tortugas marinas. Hay hasta 40 tortugas verdes, carey y golfinas heridas y en recuperación. La visita a las instalaciones es gratuita, pero se puede pagar por "adoptar" una cría. Después llevan al visitante en barco hasta el borde de unos manglares, donde se la libera en la naturaleza.

Lo mejor para...

$ Económico $$ Medio $$$ Alto

Comer

Comidas balinesas

Warung Wardani $
5 B1

El magnífico almuerzo de *nasi campur* (arroz con guarniciones) atrae a multitudes a sus dos comedores. *8.00-18.00*

Babi Guling Renon $
6 D4

Lugar un poco más exclusivo de *babi guling* (cerdo asado en espetón) con excelentes almuerzos del mismo tipo. *9.00-17.00*

Comidas indonesias

Kedai Emak $
7 D3

Restaurante javanés moderno que sirve comida halal de estilo bufé. Pescado, pollo y platos vegetarianos, todo con salsas picantes. *8.00-16.00*

Mie Goreng Makassar Pelita $
8 A4

Popular restaurante local con una pequeña carta

de platos de Célebes. *Sambal* (salsa picante) sublime y raciones generosas. *11.00-22.00*

Ayam Goreng Kalasan $
9 D3

El *ayam goreng* (pollo frito) recibe el nombre de un templo javanés (Kalasan) de una región famosa por su pollo picante y crujiente. *8.00-22.00*

Depot Cak Asmo $
10 D4

Hay que pedir los suaves y crujientes *cumi-cumi* (calamares) rebozados con *telur asin* (una mezcla celestial de huevos y ajo). Las bebidas heladas con sabor a fruta son una delicia refrescante. *8.00-22.00*

Tentempiés

Ne Men Gabrug $
11 F2

Un dulce favorito de los balineses son los *jaje laklak* (discos de harina de arroz con olor a coco cocinados en sartén). En una pequeña franja de puestos. *8.00-18.00*

Gula Bali the Joglo $
12 F3

Un café colorido y lleno de personalidad con un precioso jardín. Muchos zumos, tés y cafés. *10.00-17.00*

Comprar

Compras atemporales

Kampung Arab
13 B1

En la esquina de Jl Hasanudin con Jl Sulawesi, hay numerosas tiendas que venden joyas y metales preciosos. Los propietarios son varias generaciones de comerciantes de Oriente Medio e India. *9.00-20.00*

Madju Batik Bali
14 B1

Entre las numerosas tiendas de telas de Jl Sulawesi, cerca del **Pasar Badung** (p. 108), este estrecho lugar tiene una enorme selección de batik balinés. Los precios son razonables. *9.00-16.00*

Sugerencias de lugares para comer, beber y comprar en **p. 124**

Explora
Ubud y alrededores

En Ubud unas vacaciones cortas se convierten fácilmente en semanas, meses o años. La reputación de la ciudad en arte y cultura es bien merecida: está impregnada de tradiciones balinesas, con calles adornadas por coloridas ofrendas y una banda sonora omnipresente de acordes de gamelán. También es un lugar ligado a la moda: un escaparate de diseño sostenible, atención plena, inventiva culinaria y desarrollo personal, ya sea yoga o algo esotérico.

Es popular, a veces hasta la asfixia. Pero siempre se puede escapar a una galería, un sendero entre arrozales, un café escondido o dentro de uno mismo. Ubud atrae a gente creativa de todo el mundo.

Cómo desplazarse

Coche y vehículo compartido
Desde el sur de Bali, se llega a Ubud por Denpasar o Sanur. El trayecto desde el aeropuerto dura de 90 min a 2 horas o más, según el tráfico. Aparte de algún autobús turístico, casi toda la gente llega a través de una *app* de viajes compartidos o en coche alquilado.

A pie
El corazón de Ubud se recorre fácilmente a pie, una actividad muy popular. Para ir más lejos, hay conductores con carteles que promocionan sus servicios, sin taxímetro y negociables. Las omnipresentes *apps* Gojek y Grab facilitan conseguir viajes.

★

LO MEJOR

ACTIVIDAD NOCTURNA
Espectáculos de danza balinesa (p. 116)

ACTIVIDAD DIURNA
Circuito a pie (p. 114)

MUSEO
Museo Puri Lukisan (p. 119)

VISITA GUIADA
Ubud Story Walks (p. 121)

TESORO ESCONDIDO
Pura Penataran Sasih (p. 123)

Pura Taman Saraswati (p. 119).
SERGII FIGURNYI/SHUTTERSTOCK ©

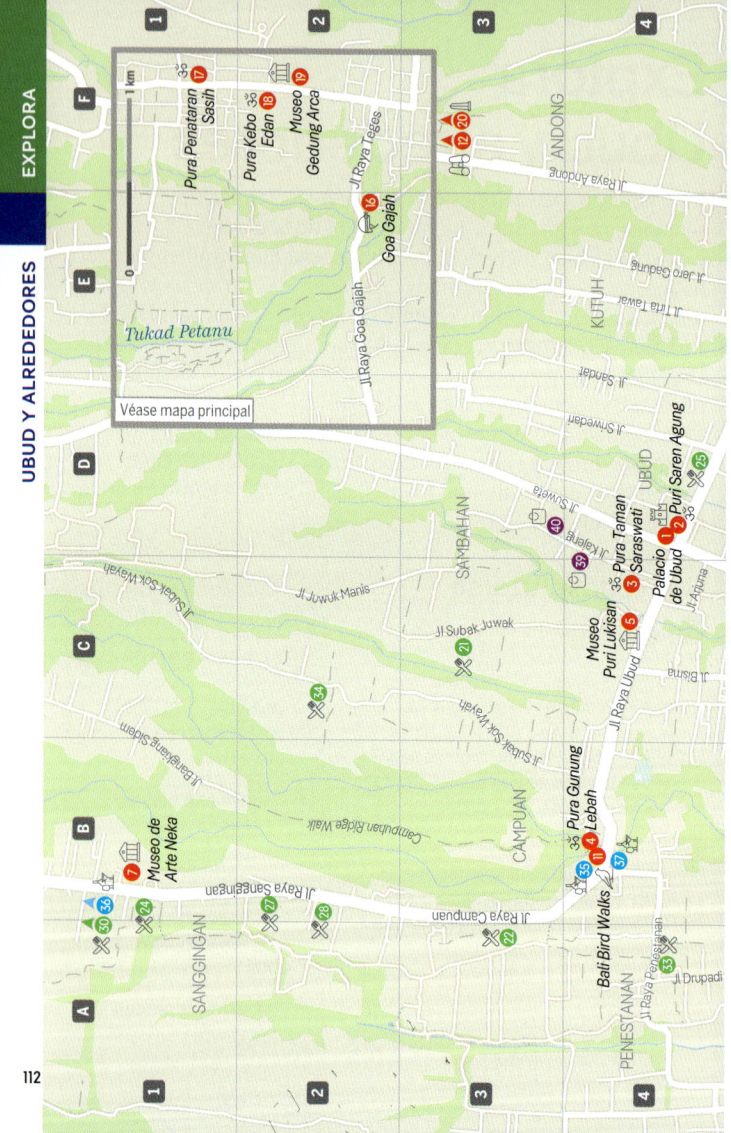

Pura Penataran Sasih 17

Pura Kebo Edan 18
Museo Gedung Arca 19

Goa Gajah 16

12 20

Jl Raya Tegas

Jl Raya Goa Gajah

Tukad Petanu

Véase mapa principal

1 km

0

ANDONG

Jl Raya Andong

KUTUH

Jl Tira Tawar

Jl Gunung Sari

Jl Sandat

Jl Swedean

SAMBAHAN

Jl Kajeng

Jl Suweta

40

39

Pura Taman Saraswati 3
Puri Saren Agung 1
2
UBUD
25
Palacio de Ubud
Jl Arjuna

Jl Juwuk Manis

Jl Subak Juwak

21

34

Jl Subak Sok Wayah

Jl Bangkiang Sidem

Jl Subak Sok Wayah

Museo Puri Lukisan 5

Jl Raya Ubud

Jl Bisma

CAMPUAN

Campuhan Ridge Walk

Pura Gunung Lebah 4
35
11
57
65

Museo de Arte Neka 7

50
36
74

SANGGINGAN

Jl Raya Sanggingan

27

28

Jl Raya Campuan

22

Bali Bird Walks

33

PENESTANAN

Jl Raya Penestanan

Jl Drupadi

Véase ampliación

500 m

Jl Saweh Indah

Jl Sawah Indah

TEGES

Jl Raya Teges

Gang Nuri

Jl W Ayun

Gang Serongga

PELIATAN

Jl Cok Gede Rai

Jl Sukma Kesuma

TEBESAYA

Jl Sukma

Jl Raya Ubud

Bali Culture Workshop

Jl Jembawan

Jl Jatayu

Jl Made Lebah

Museo de Arte Agung Rai

Jl Sugriwa

Jl Hanoman

Jl Gautama

Jl Dewi Sita

Jl Kajeng

Jl Raya Pengosekan

PENGOSEKAN

Kerta Art

Monkey Forest Rd (Jl Wanara Wana)

PADANGTEGAL

Bosque de los monos de Ubud

Jl Bisma

Jl Nyuh Bojog

NYUH-KUNING

Jl Katik Lantang

Jl Raya Penestanan Kelod

113

CIRCUITO A PIE

Paseo por Ubud

Este paseo lleva del corazón de Ubud a la sublime belleza natural del norte de la ciudad, que parece otro mundo: bosques profundos, exuberantes arrozales y cascadas que caen a borbotones. La ruta es bastante llana, pero hace falta buen calzado para las zonas resbaladizas.

INICIO	FINAL	DURACIÓN
Jl Kajeng	Jl Raya Ubud	7,5 km; 3 h

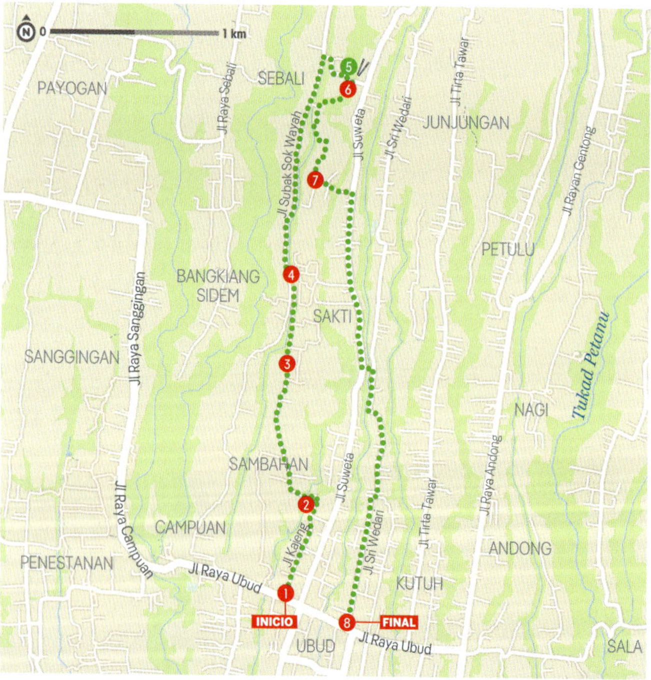

❶ Festival de vendedores

Se va al norte por **Jl Kajeng,** pasando por los puestos de vendedores. Al rebuscar entre la quincalla aparecen artículos hechos a mano con talento. Hay cientos de losas cuadradas de hormigón, cada una decorada por un patrocinador local. Muchas son bastante bonitas.

❷ Refrescarse con un coco

Nada más pasar el **Bale Banjar Ubud Kaja,** se sube por la carretera que se convierte en sendero. Pronto se ven los exuberantes y verdes arrozales. Se sigue hacia el norte pasando por villas y vendedores de cocos, ideales para rehidratarse. Pronto el camino de cemento pasa a ser de tierra.

❸ Riego de arroz

Al final, el camino se transforma en la parte superior de un estrecho muro de hormigón que discurre entre un **canal de *subak* (riego)** a un lado y un pequeño río al otro. Las palmeras y el bambú se cierran en lo alto, dando una profunda sombra.

❹ Campos verdes

Se camina con cuidado hasta llegar a un **pequeño puente peatonal.** Se cruza y se sigue el camino que sube por el terraplén, luego, hacia el norte 1,5 km, por verdes arrozales salpicados de alguna que otra villa, vendedor y estudio de

artista. Hay pensiones familiares y tranquilas donde perderse unas semanas.

❺ Café y cascadas

Al llegar a una calle lo bastante ancha para coches, se gira al este, y se desciende, pasando por el **Café Bintang** (si está abierto se puede disfrutar de una comida japonesa informal), hasta un puente sobre una **cascada** que fluye todo el año.

❻ Garganta de un río

Al este del Café Bintang, se toma el **pequeño camino** que va al sur por la **garganta del río.** Los jardines cercados llenos de patos dan paso a más arrozales a medida que el camino sube desde el desfiladero y se curva hacia el sur.

❼ Callejones y pequeños cafés

Tras caminar unos 750 m por la pequeña garganta, se gira al este y se sigue la **carretera transitable** hacia abajo, se cruza un puente y se vuelve a subir a Jl Suweta. Se camina al sur 1 km, pasando por muchos cafés pequeños, perfectos para una pausa.

❽ Descenso serpenteante

Se cruza el puente desde Jl Suweta hasta la bastante tranquila Jl Sri Wedari y se camina cuesta abajo pasando por pequeños *warungs,* cafés y tiendas, de regreso a **Jl Raya Ubud.**

★ **IMPRESCINDIBLE**

Espectáculos de danza balinesa

Lo más destacado de una visita a Ubud son los bailarines balineses que, con gracia hipnótica, cuentan con su danza historias de la tradición hindú. Todas las noches hay múltiples actuaciones en Ubud. La música de gamelán, con instrumentos de bambú y bronce, es parte integral de ellas.

CONSEJO

Cuesta encontrar horarios de las actuaciones nocturnas. Al caminar por Ubud, hay que prestar atención a los carteles que indican los lugares donde serán las actuaciones esa noche y comprar las entradas allí.

Danza 'kechak'

Esta danza balinesa, probablemente la más conocida por su ambiente cautivador y emocionante, cuenta con un coro de hasta 80 hombres y niños que se sientan en círculos concéntricos y entran en trance mientras cantan *"chak-a-chak-a-chak"*, imitando a un grupo de monos. A veces llamada "gamelán vocal", es la única música que acompaña la recreación en danza del Ramayana, la epopeya hindú que cuenta la antigua historia del príncipe Rama, la princesa Sita, y el malvado rey demonio Rawana.

La versión moderna del *kechak* se desarrolló en los años treinta a partir de una colaboración mágica entre el bailarín balinés Wayan Limbak y el pintor alemán Walter Spies.

Barong y Rangda

La danza de Barong y Rangda (foto dcha.) rivaliza con el *kechak* como la más popular de Bali para turistas.

De nuevo es una batalla entre el bien (Barong) y el mal (Rangda).

Barong es una criatura peluda, buena, traviesa y divertida que parece un perro-león con ojos enormes y una boca que chasquea con un efecto muy espectacular. Como este personaje es el benevolente protector de un pueblo, los actores que interpretan a Barong (cubiertos por un traje de capas de piel)

MUHAMAD MIFTAHUL/SHUTTERSTOCK ©

muestran diversas payasadas encantadoras. Pero, como es típico de la danza balinesa, no todo es alegre: Barong es un personaje sagrado, y es habitual verlo en procesiones y rituales.

Los amigos de Barong no tienen nada de sagrado. Uno o más monos lo ayudan y estos personajes suelen ser la sensación. Se da a los actores rienda suelta para que se muevan a lo loco. Los mejores gastan bromas a los espectadores, especialmente a los que se toman todo demasiado en serio.

Pero la bruja viuda Rangda es mala de principio a fin. La monstruosa reina de la magia negra tiene orejas de las que a veces salen llamas, una lengua que gotea fuego y una melena de cabello revuelto.

La historia presenta un duelo entre Rangda y Barong, cuyos seguidores sacan sus *kris* (dagas tradicionales que se empuñan para tener poderes espirituales o mágicos) y corren en su ayuda. Rangda, de lengua larga y colmillos afilados, los

UNA PAUSA
En los locales se venden aperitivos, agua y cerveza. A la sombra esperan discretamente mujeres con cubos de hielo. Pídase una bien fría.

CONSEJOS ÚTILES

Casi todas las actuaciones comienzan a las 19.00 o 19.30. Conviene llegar antes (mínimo 20 min) para conseguir buen asiento.
Las actuaciones duran 90 minutos.
Las pantallas brillantes de los teléfonos que hacen fotos distraen mucho. Irse en medio de la actuación es muy grosero y un insulto a los intérpretes.

pone en trance y hace que se apuñalen. Es todo un espectáculo. Por suerte, Barong lanza un hechizo que neutraliza el poder de las *kris* para que no los dañe.

Danza 'legong'

Caracterizada por los ojos centelleantes y las manos temblorosas, la más elegante, estilizada y simbólica de las danzas balinesas la interpretan dos niñas que bailan en espejo. Su talento se venera tanto que, en la vejez, una bailarina clásica será recordada como una "gran *legong*". Lucen un maquillaje elaborado, se visten con brocado de oro, y relatan la historia de un rey que toma cautiva a una doncella y luego comienza una guerra en la que muere.

Danza del fuego 'kechak'

Esta danza nació para ahuyentar a los espíritus malignos de un pueblo. Un hombre o niño en trance baila alrededor y a través de un fuego de cáscaras de coco. Hay muchas variaciones que se incluyen como complemento espectacular al final de otras actuaciones.

Escenarios de danza

Entre los mejores de Ubud están:

- **Palacio de Ubud** Entorno mágico con fondo ornamentado.
- **Pura Taman Saraswati** Hermoso templo con fuentes.
- **Pura Dalem Ubud** Complejo de templos con un fondo iluminado por llamas.
- **Puri Agung Peliatan** Entorno de pueblo sencillo que acoge a compañías serias.
- **Pura Padang Kerta y Pura Penataran** Kloncing Lugares sencillos y prácticos en Jl Hanoman.

Visitar el Palacio de Ubud
PALACIO

El modesto **Palacio de Ubud** (PLANO: **1** P. 112 **D4**) y su templo, el **Puri Saren Agung** (PLANO: **2** P. 112 **D4**), comparten un complejo en el corazón de Ubud. Casi todos los edificios se construyeron tras el terremoto de 1917, y la familia real de la zona aún vive en el lugar. Pese al nombre, el extenso complejo no es palaciego ni está muy ornamentado. Es un laberinto de patios y edificios tradicionales balineses que se extienden bastante más allá de la limitada zona abierta al público. Es un lugar popular para **actuaciones de danza balinesa** (p. 116).

Disfrutar de los templos de Ubud
TEMPLOS HINDÚES

Ubud cuenta con decenas de templos. Si bien la mayoría están cerrados a los visitantes, hay excepciones dignas de mención.

El **Pura Taman Saraswati** (PLANO: **3** P. 112 **C4**) es de los templos más pintorescos de Ubud y siempre está abierto al público. Está junto a Jl Raya Ubud y ofrece un agradable descanso de los senderos abarrotados. En la parte de delante hay un estanque rebosante de flores de loto.

Al oeste del centro, al comienzo de Jl Raya Campuan, el **Pura Gunung Lebah** (PLANO: **4** P. 112 **B4**) está sobre una roca que sobresale en la confluencia de dos afluentes del Sungai Cerik. Muy por debajo del nivel de la calle, en un exuberante desfiladero, el entorno es mágico.

Explorar la oferta artística de Bali
MUSEO DE ARTE

PLANO: **5** P. 112 **C4**

El movimiento artístico balinés moderno comenzó en Ubud cuando los artistas comenzaron a abandonar los temas religiosos y reales por escenas de la vida cotidiana.

De los diversos museos de arte locales, el **Museo Puri Lukisan** es el más agradable, aunque a uno no le interese el arte. Está en unos preciosos jardines escalonados repletos de fuentes, y sus cuatro edificios exhiben obras de todas las escuelas y períodos del arte balinés. Todas tienen carteles en inglés, y los códigos QR ofrecen enlaces a excelente información adicional.

El **Edificio Este** tiene una colección de obras tempranas de Ubud y los pueblos circundantes. El **Edificio Norte** presenta magníficos dibujos a tinta de I Gusti Nyoman Lempad (1862-1978) y pinturas de artistas de la escuela Pita Maha, como Walter Spies (1895-1942). Destaca *Festival en el templo* (1938) de I Gusti Ketut Kobot (1917-1999).

EXPLORA

UBUD Y ALREDEDORES

Descubrir obras maestras

MUSEO DE ARTE

PLANO: **6** P. 112 **D8**

El **Museo de Arte Agung Rai** es otro museo imprescindible. El fundador, Agung Rai, construyó su fortuna vendiendo arte balinés a extranjeros en los años setenta, y en su época de tratante adquirió una de las colecciones de arte privado más impresionantes de Indonesia. Las exposiciones incluyen pinturas *kamasan* clásicas y obras al estilo de Batuan de los años treinta y cuarenta. En la galería tradicional, destacan *La danza dramática de Arja* (1990) de I Ketut Kasta (n. 1945), *Ceremonia de cremación* (1994) de I Ketut Sepi (n. 1941) y la extraordinaria y detallada *Wali "Ekadesa Rudra"* (2015) de I Wayan Mardiana (n. 1970).

Entender la reputación artística de Ubud

MUSEO DE ARTE

PLANO: **7** P. 112 **B1**

En la parte alta de Jl Raya Campuan, el **Museo de Arte Neka** ofrece una excelente introducción al arte balinés, con una colección de primera expuesta en pabellones y salas. En una visita de una hora, no hay que perderse la **Sala de Pintura Balinesa,** que muestra el estilo *wayang* (de marionetas), así como estilos de Ubud y Batuan de influencia europea, introducidos en los años veinte y treinta. También destaca el **Pabellón Lempad,** con obras del maestro artista, escultor y arquitecto I Gusti Nyoman Lempad (1862-1978).

Espectáculos de marionetas

MARIONETAS

Más que entretenimiento, los *wayang kulit* (teatros de sombras de marionetas) han sido el cine de pueblo a la luz de las velas de Bali durante siglos, encarnando toda la seriedad sagrada de un drama griego clásico. Las representaciones tradicionales eran largas e intensas (6 h o más).

Usados originalmente para devolver a los antepasados a este mundo, los espectáculos presen-

 LA ARTÍSTICA HISTORIA DE UBUD

A finales del s. XIX, la familia real Sukawati creó una avanzadilla en Ubud y comenzó una serie de alianzas y confrontaciones con reinos vecinos. En 1900, con el reino de Gianyar, Ubud se convirtió a petición propia en un protectorado neerlandés y pudo concentrarse en su vida religiosa y cultural. La realeza fomentó visitas de artistas occidentales en los años treinta, entre ellos Walter Spies, Colin McPhee y Rudolf Bonnet, que proporcionaron un enorme estímulo al arte local al introducir ideas nuevas y exponer y promocionar la cultura balinesa por todo el mundo. Cuando el turismo de masas llegó a Bali, Ubud se convirtió en un importante destino de arte y cultura.

tan marionetas de piel de búfalo pintadas a las que se atribuye un gran poder espiritual, y el *dalang* (titiritero y narrador de cuentos) es casi una figura mística. En el centro de Ubud, **Bali Culture Workshop** (PLANO: **8** P. 112 **E5**), en Oka Kartini BnB, presenta populares espectáculos nocturnos.

Escondido cerca del campo de fútbol, **Kerta Art** (PLANO: **9** P. 112 **C5**) también ofrece actuaciones nocturnas en el porche de **Kerta Accommodation.**

Contemplar a los monos
PARQUE NATURAL

PLANO: **10** P. 112 **C7**

Con su llamativa entrada que parece un parque temático cerca del extremo sur de la carretera homónima, cuesta darse cuenta de que el **bosque de los monos de Ubud** alguna vez fue simplemente una extensión sombreada con tres templos y más de 1000 monos bien alimentados y de dedos ágiles.

Es un destino popular para excursionistas de todo Bali. Se evitan las multitudes visitándolo temprano o a última hora. No hay que perderse a los codiciosos macacos cangrejeros balineses, de pelaje gris, nada que ver con los primates de aspecto inocente que aparecen en las redes sociales. Muerden; hay que tener cuidado y vigilar las pertenencias.

Pasear y pedalear por Ubud
CIRCUITOS GUIADOS

Los recorridos especializados en Ubud incluyen paseos temáticos y aventuras culturales. Pasar unas horas explorando la zona con un experto es una forma fabulosa de saborear este maravilloso lugar.

Quizá las mejores dos o tres horas que uno pasará en la zona sean en un circuito con **Ubud Story Walks** *(ubudstorywalks. com)*. Estos recorridos detallados y entretenidos cubren la cultura y la historia balinesas de la región.

Se puede disfrutar de los populares circuitos de un día por pueblos remotos cerca de Ubud con **Banyan Tree Bike Tours** *(banyantreebiketours.com)*, que enfatiza la interacción con los aldeanos.

Bali Bird Walks (PLANO: **11** P. 112 **B4**), una de las primeras empresas turísticas de Ubud, fue fundada por el legendario Victor Mason hace más de 30 años. En los recorridos, que incluyen el uso de prismáticos, se suelen ver de 30 a 100 especies.

El paisaje de arrozales
MIRADOR

PLANO: **12** P. 112 **F3**

Al norte de Ubud, las estupendas vistas de los **arrozales de Ceking** desde la carretera principal de Tagallalang se han convertido en un enorme circo turístico. Continuamente se construyen cafés al borde de las terrazas para quitarles la vista a los competidores, por lo

EVENTOS CLAVE DE UBUD

Ubud acoge varios eventos y festivales fascinantes a lo largo del año.

Ubud Open Studios

Una celebración de dos días de artistas locales; más de 70 abren sus estudios a los visitantes. Muchos actos especiales. Marzo; *ubudopenstudios.com*

Bali Spirit Festival

Popular festival de yoga, baile y música, con cientos de talleres, conciertos, etc. Ppios mayo; *balispiritfestival.com*

Ubud Village Jazz Festival

Festival anual de dos días con un elenco internacional de artistas. Finales julio; *ubudvillagejazzfestival.com*

Festival de Escritores y Lectores de Ubud

El principal evento literario del sureste asiático atrae a escritores (muchos famosos) y lectores de todo el mundo. Octubre; *ubudwritersfestival.com*

que hoy en día todos tienen peores vistas. Carteles y charlatanes promueven aparcamientos, circuitos a pie y los inevitables locales de *kopi luwak* (que hay que evitar, por la crueldad animal).

Aun así, es de las mejores vistas de arrozales de Bali. Quedan espacios libres en la calle comercial que aún no está llena de cafés para saborear la vistas sin ajetreo. Luego se baja por los senderos hacia el exuberante valle; es normal pagar algo a los granjeros que intentan beneficiarse de las visitas.

Comprar con sensibilidad en Ubud   TIENDAS ELEGANTES

A unos cientos de metros del cruce de Jl Dewi Sita y Jl Hanoman están algunas de las tiendas más interesantes, elegantes y éticas de Ubud. Apenas más ancha que un rollo de tela, **Above the Clouds Natural Wear** (PLANO: **13** P. 112 **D5**) vende ropa de lino y algodón diseñada y cosida en los pueblos que rodean Ubud; **Ananda Soul** (PLANO: **14** P. 112 **D5**) es una tienda con corazón. Las ganancias de sus joyas, diseñadas y producidas localmente, y de su pequeña línea de ropa de resort, apoyan a las comunidades locales.

Puede verse el trabajo de más de 30 diseñadores de joyería, accesorios y ropa balineses e indonesios en **Curative** (PLANO: **15** P. 112 **D5**).

El misterio de Goa Gajah   MONUMENTO ANTIGUO

PLANO: **16** P. 112 **E2**

Los visitantes entran a **Goa Gajah** (cueva del Elefante), a las afueras de Ubud, a través de lo que parece la boca cavernosa de un demonio. Dentro quedan fragmentos de un *lingam* (símbolo fálico del dios hindú Shiva) y un *yoni* (símbolo vaginal de la diosa hindú Shakti), así como una estatua del hijo de Shiva, el dios con cabeza de elefante Ganesha. En el exterior, dos piscinas cuadradas tienen caños de agua sostenidos por seis figuras femeninas.

La asombrosa reliquia de Pejeng   OBJETO ANTIGUO

PLANO: **17** P. 112 **F1**

A 5 km del centro de Ubud, está la aldea de **Pejeng,** que fue la capital del reino balinés Pejeng durante un breve período entre las invasiones javanesas. El reino desapareció en 1343 cuando los mayapajits, una dinastía hindú javanesa, derrotaron al rey Dalem Bedaulu. Hoy alberga uno de los lugares más extraordinarios pero menos visitados de la región.

El **Pura Penataran Sasih** fue antaño el templo estatal del reino de Pejeng. En el patio interior destaca un tesoro, un enorme tambor de bronce conocido como la **Luna de Pejeng,** que se cree que data del año 300 a.C. Tiene forma de reloj de arena, mide 186 cm de altura, y es el mayor del mundo fundido en una pieza. La aleación de bronce y la técnica de fundición se remontan al pueblo dong son de Vietnam, lo que desvela una ruta comercial antes desconocida.

Visitar al gigante de Pejeng   ESTATUA ANTIGUA

El **Pura Kebo Edan** (PLANO: **18** P. 112 **F2**), en la acera de enfrente del Pura Penataran Sasih, no es un edificio imponente, pero es famoso por su muy desgastada estatua de 3 m de altura, conocida como el **Gigante de Pejeng,** que se cree que tiene unos 600 años. Aunque suele estar cubierto, un vistazo a la entrepierna desvela que a) como diría un sastre: "carga a la izquierda", y b) el apodo de gigante es apropiado.

Muchos de los tesoros más antiguos de Pejeng los han encontrado granjeros que araban sus campos. Hay variedad de objetos en el **Museo Gedung Arca** (PLANO: **19** P. 112 **F2**). **Ubud Story Walks** (p. 121) ofrece un excelente recorrido por los principales lugares de Pejeng.

Explorar el Gunung Kawi   MONUMENTO ANTIGUO

PLANO: **20** P. 112 **F3**

El impresionante complejo en un valle del **Gunung Kawi,** uno de los monumentos más antiguos, sagrados e importantes de Bali, 13 km al norte de Ubud, está formado por 10 enormes *candi* (santuarios) tallados en la pared rocosa. Se cree que cada uno conmemora a un miembro de la realeza balinesa del s. XI. Cuentan las leyendas que todo el grupo fue tallado en una intensa noche de trabajo por las poderosas uñas del reverenciado guerrero Kebo Iwa.

Conviene llegar temprano para una mejor experiencia. Si se empieza a bajar los 250 escalones a las 7.30, se ve a lugareños haciendo sus rutinas matutinas.

Lo mejor para...

$** Económico **$$** Medio **$$$ Alto

Comer

Cafés clásicos de Ubud

Sweet Orange Warung $
21 C3
En los arrozales; se llega a pie por el sendero de la derecha del **Museo Puri Lukisan** (p. 119). *9.00-20.00*

Yellow Flower Cafe $
22 A3
En Penestanan, junto a un sendero bordeado de vegetación, con variadas bebidas saludables (cúrcuma, *kombucha,* agua de chía) y cafés. Vistas increíbles. *8.00-21.00*

Kafe $
23 D6
Decoración atractiva, ambiente *new age* y comida saludable son los sellos distintivos de este exclusivo café. *7.00-22.00*

Comidas elegantes

Room4Dessert $$$
24 B1
El exclusivo bistró del chef Will Goldfarb podría

ser un club nocturno; menús de degustación en constante cambio, elaborados con productos locales, y cócteles sorprendentes. *16.00-22.00*

Hujan Locale $$$
25 D4
El restaurante del chef televisivo Will Meyrick sirve cocina indonesia con un toque moderno y creativo en un ambiente agradable. Cócteles de maracuyá adictivos. *12.00-22.00*

Locavore NXT $$$
26 D8
Restaurante famoso, ahora en un edificio sorprendente en medio de su propia tierra de fantasía agrícola al suroeste de Ubud. Precios altos, concepto sofisticado, difícil de reservar. *18.00-22.00*

Mozaic $$$
27 B2
El chef Chris Salans supervisa la cocina de fusión francesa; menú de temporada con influencias de Asia tropical; solo menús de degustación. *12.00-22.00*

Comida balinesa

Warung Pulau Kelapa $$
28 B2
Larga carta de auténticos platos indonesios de todo el archipiélago. *Sambal* sensacional; los platos "al estilo local" pican. *10.00-22.00*

In Da Compound Warung $
29 D5
Tras una casa de huéspedes familiar en la encantadora Jl Goutama, se sirven platos económicos llenos de sabor y estilo. Por el jardín saltan conejos. *12.00-21.00*

Nasi Ayam Kedewatan $
30 A1
Son pocos los residentes que recorren el paso de Sayan sin detenerse. La estrella es el *sate lilit:* brochetas de carne picada y condimentada. *8.00-21.00*

Vegetarianos y veganos

Sayuri $$
31 E5
La carta pregunta: "Si somos lo que comemos, ¿en qué alimento queremos

Localizaciones en el plano de la **p. 112**

convertirnos?". Aquí uno será una verdura cruda. *8.00-22.00*

Herbivore
32 D5

Más comida sofisticada de **Locavore** (p. 124), en Jl Dewi Sita. Los menús de degustación reflejan los productos de temporada, la mayor parte, de su granja. *12.00-20.00*

Alchemy
33 A4

Café clásico y sofisticado que ofrece ensaladas para hacerse uno mismo y cuencos de *smoothies,* además de helados, zumos y postres. *7.00-21.00*

Sari Organik
34 C2

En una granja ecológica con vistas a los arrozales, sirve una larga carta de comida y bebida vegetarianas, también opciones crudas. Se llega a pie por los arrozales. *8.00-21.00*

Beber

Coctelerías

Boliche
35 B4

En el lugar donde estaba el pionero bar de Ubud Beggar's Bush, esta elegante y exclusiva coctelería recurre a sabores locales en bebidas poco convencionales; cierra tarde. *20.00-1.00*

Kawi
36 B1

Kawi significa "poeta" en sánscrito. Sus bebidas creativas elaboradas con ingredientes autóctonos son copas de poesía. Bar estrecho, jardín tranquilo. *18.00-24.00*

Lair
37 B4

Hay que buscar el cartel de Boho que señala al puente de Campuan. Cerca del río; decoración primitiva, bebidas sofisticadas y tentempiés. *18.00-24.00*

Comprar

Hecho en Ubud

Sensatia Botanicals
38 C5

Tienda de cosméticos elegante y refinada, fundada en el este de Bali en el año 2000. *10.00-21.00*

Toko Elami
39 D4

En el mercado de Jl Kajeng se venden las creaciones de más de 20 artesanos de la zona. Hay camisetas originales, grabados, juegos, bolsos y mucho más. *9.00-21.00*

Tiendas únicas de Ubud

Threads of Life
40 D3

Famoso proveedor de tejidos tradicionales. Hay un local en Jl Kajeng y una tienda amplia en Jl Raya Lungsiakan, al noroeste del centro. *10.00-18.00*

Tradisi Textiles
41 B8

Al sur del **bosque de los monos de Ubud** (p. 121), este pequeño taller con espacio comercial cuenta con artesanos que producen *ikat* tradicional y otros tejidos. *9.00-18.00*

Ganesha Bookshop
42 D5

Enorme variedad sobre cultura balinesa e indonesia; muchas obras de autores del Festival de Escritores y Lectores de Ubud (p. 122). *9.00-21.00*

Sugerencias de lugares para comer y comprar en **p. 133**

Explora
Este de Bali

Pasear por las carreteras del este de Bali es un placer. Laderas de arrozales bajo palmeras cimbreantes, un fuerte oleaje que baña las playas volcánicas y pueblos antiguos que van apareciendo sin apenas rastro de modernidad. Hay muchas excursiones de un día y aventuras en las zonas cercanas a Sanur y Ubud. Sorprenden las hermosas carreteras secundarias, y uno se deleita con la soledad en las playas de arena negra. Algunos de los paisajes más exuberantes de Bali están en los arrozales de Sideman, y las cascadas son la esencia de la belleza tropical. El Pura Besakih, templo madre de la isla, está en la ladera del volcán padre Gunung Agung.

Cómo desplazarse

 **Coche y vehículo compartido**

Es fácil llegar al este de Bali desde las cercanas Ubud y Sanur. Tanto si conduce uno mismo como si no, hace falta vehículo para explorar la zona. La región es ideal para recorrerla al azar, ya que uno nunca se pierde, y siempre hay una sorpresa: cascada, vista, templo, pueblo, etc. Quien se aloje en Ubud o Sanur puede compartir vehículo para llegar al mercado nocturno de Gianyar (p. 133) y a las playas.

LO MEJOR

LUGAR HISTÓRICO
Puri Agung Semarapura
(p. 129)

PLAYA
Pantai Lebih (p. 131)

TEMPLO
Pura Besakih (p. 131)

BELLOS PASEOS
Sidemen (p. 132)

CASCADA
Air Terjun Jagasatru (p. 132)

Air Terjun Jagasatru (p. 132).

CIRCUITO A PIE

Paseo por Klungkung

Klungkung, oficialmente Semarapura pero conocida por su nombre tradicional, alberga el histórico palacio de Klungkung, una reliquia de la época de los rajás. La ciudad fue en su día el centro del reino más importante de Bali, conserva el recinto del palacio de su pasado real y cuenta con un concurrido mercado. Todo ello se explora en este breve paseo.

INICIO	FINAL	DURACIÓN
Monumento al *Puputan*	Mercado de Klungkung	1 km; 2 h

1 Monumento al sacrificio real

Klungkung fue el último reino balinés en sucumbir a los colonizadores neerlandeses (1908), y el sacrificio de su familia real, que cometió *puputan* (suicidio ritual masivo) en lugar de rendirse, se conmemora en el imponente **monumento al "Puputan"** de la plaza, en JL Serapati, frente al antiguo Palacio Real, el Puri Agung Semarapura.

2 Legados de los rajás

Se cruza al antiguo complejo real y se camina brevemente al oeste hasta el **Museo Semarajaya.** Destaca un evocador cuadro con una representación detallada del *puputan* de 1908, cortesía de las tropas neerlandesas. Las exposiciones incluyen armas tradicionales, trajes y valiosos artículos ceremoniales, junto con fotos antiguas interesantes de la corte real.

3 Palacio de Klungkung

Con toda la información sobre la realeza de Klungkung y el *puputan,* se puede profundizar en los fascinantes restos del **Puri Agung Semarapura.** Construido en 1710, el complejo se compone de una gran plaza, con patios, jardines, pabellones y fosos. Gran parte se destruyó en 1908.

4 Arte evocador

El siguiente es el **Bale Kambang,** un hermoso pabellón de lados abiertos y rodeado de agua. El techo muestra hileras de pinturas. La primera hilera está basada en el calendario astrológico, la segunda, en el cuento popular de Pan y Men Brayut y sus 18 hijos, y las filas superiores, en las aventuras del héroe Sutasona.

5 Tribunal Supremo

En la esquina noreste del complejo, el espacioso pabellón **Kertha Gosa** fue de hecho el Tribunal Supremo del reino de Klungkung, donde se resolvían las disputas y las causas que no se saldaban en el pueblo. Es un magnífico ejemplo de arquitectura klungkung, con un techo cubierto con bellas pinturas del s. xx de estilo *wayang* (teatro de sombras).

6 El mejor mercado de la región

Una manzana al este, se halla el extenso **mercado de Klungkung,** un animado núcleo de comercio y un lugar de encuentro para habitantes de la región. Se puede pasar fácilmente una hora deambulando por el laberinto de puestos de productos frescos, joyas e *ikat* (tejidos), amontonados en una serie de edificios en tres niveles y que se extienden por las calles circundantes.

Sidemen

🔥 **Pura Bukit**
❼ **Tageh**

▲ **Bukit**
Sangkangunung

Sungai Telaga Waja

📷 24

🍴 20

❻ *Sidemen*

🍴 22

🍴 21

Más información

Ⓝ 0 ━━━━━━━ 5 km

Experiencias 🔥 p. 131
Comer 🍴 p. 133
Comprar 🛍 p. 133

Pempatan

Pura Besakih
❺ 🔥

Besakih

Sebatu

Penglipuran
🌿 ❾

Muncan

Tampaksiring

Rendang

Selat

Duda

Tegallalang

Air Goa Raja 🔴13

Air Tukad
🔴12 *Cepung*

Iseh

Putung

Ceking

Bangli

Demulih

Tembuku

Sekar

❿
Air Terjun
Jagasatru

Air Goa Giri 🔴11
Campuhan

Sidemen

Véase
"Sidemen"

Bukit
Jambal

Tabola

Sungai Pakerisan

Pejeng

🍴 17

Bedulu

Sidan

Tihingan

Sungai Unda

🔴 8 *Tri Eka*
Buana

Klungkung
(Semarapura)

Padangbai

🟢 23
🍴 16 **Gianyar**

Banda

🍴 ❹
Pura Goa
Lawah

🟢14

Sungai Petanu

Tulikup

Pantai
Lepang

Lawah

Sungai Petanu

Blahbatuh

Lebih

Pantai
Siyut

Siyut

Pantai
Klotek

Kusamba

Sukawati

Saba

🟢 19

🔴 ❸ *Pantai Lebih*

❷ 🍴 15

🔴 ❶ **Pantai Selukat**
Pantai Keramas

Guwang

Pantai Saba
Pantai Purnama

Selat
Lombok

🍴 18

Relajarse a lo largo de 20 km de arena

PLAYAS

La carretera costera Sanur-Kusamba recorre 20 km de playas de arena negra, y casi todas las carreteras y caminos que van al agua terminan en una playa. Esta costa de gran significado religioso para los balineses es sorprendente, con templos por doquier.

Algunas playas tienen lugares para comer y beber; otras, nada; casi todas están despobladas.

Pantai Keramas (PLANO: ❶ P.130 **A6**) tiene olas constantes de primera y muchas villas de alquiler. **Pantai Selukat** (PLANO: ❷ P.130 **B6**) es un centro de desarrollo turístico con pensiones, villas y hoteles. La playa es amplia y las vistas de Nusa Lembongan son impresionantes; **Pantai Lebih** (PLANO: ❸ P.130 **B5**) está a la salida de la autopista y cuenta con arena brillante con mica. El aire está impregnado del olor a pescado a la parrilla que emana de los *warungs* (puestos de comida).

Descubrir la cueva de murciélagos

TEMPLO HINDÚ

PLANO: ❹ P.130 **D5**

Uno de los templos más importantes de Bali, el pequeño **Pura Goa Lawah** (templo de la Cueva de Murciélagos) está en un acantilado lleno de murciélagos frugívoros y grupos turísticos. Una leyenda no confirmada dice que la cueva lleva hasta el Pura Besakih (p. 131), a unos 19 km. Los murciélagos proporcionan sustento a la legendaria serpiente gigante, la deidad Naga Basuki, que también se cree que vive en la cueva. Se puede rechazar educadamente a los guías no oficiales e innecesarios. La cueva está 3 km al este de Kusamba.

Conocer el templo más sagrado de Bali

TEMPLOS HINDÚES

PLANO: ❺ P.130 **C2**

A casi 1000 m de altura sobre la ladera del Gunung Agung está el complejo de templos más importante de Bali, el **Pura Besakih.** Es una vasta serie de 23 templos separados pero relacionados que juntos forman un refugio para los dioses (*besakih* proviene de la palabra sánscrita que significa "santuario"). En un día brumoso, los numerosos *meru* (santuarios con varios tejados) de color negro que se elevan hacia el cielo son una vista espectacular.

Los templos individuales no siempre están abiertos a los visitantes, ya que constantemente llegan procesiones de aldeanos a las ceremonias. En general se puede caminar entre los diversos lugares sagrados. Hay que ignorar las ofertas *ad hoc* para ir a rezar con alguien y similares una vez en el complejo. Suelen ser preludios de una estafa. Los servicios de un guía están ahora incluidos en el precio de la entrada, y las ofrendas nunca son necesarias en los templos.

CASCADAS DEL ESTE DE BALI

La palabra indonesia para cascada es *air*, y abundan en el este de Bali. Muchas requieren entrada y quizá un guía local.

Air Terjun Jagasatru

PLANO: **10** P. 130 **D3**

Por unos empinados escalones se desciende a un estrecho arroyo que se precipita a esta piscina oculta.

Air Goa Giri Campuhan

PLANO: **11** P. 130 **B3**

Se camina por un arrozal y se baja por unas cuevas a esta serie de cascadas burbujeantes.

Air Tukad Cepung

PLANO: **12** P. 130 **B3**

Se camina por un bosque, luego por escalones empinados y después por un estrecho cañón de piedra hasta esta amplia cascada.

Air Goa Raja

PLANO: **13** P. 130 **B3**

Se pasea por un paisaje exuberante, numerosos puentes e interminables escalones hasta estas altas cascadas.

Descanso idílico   LUGAR NATURAL

En **Sidemen** (PLANO: **6** P. 130 **B1**), un paseo en cualquier dirección es una comunión con la naturaleza. El camino que lleva a este pueblo en la cima de una colina serpentea por uno de los valles fluviales más hermosos de Bali y ofrece un maravilloso paisaje de las terrazas de arrozales y extraordinarias vistas del Gunung Agung. Es un lugar muy concurrido, pues son un imán el frondoso paisaje rural y las pensiones y hoteles sencillos (casi todos con lugares para comer).

Aunque el simple hecho de contemplar las vistas es una tentación, hay montones de paseos y caminatas en este valle atravesado por canales de irrigación de *subak*. Una de las rutas implica una espectacular subida (3 h, i/v) al **Pura Bukit Tageh** (PLANO: **7** P.130 **A1**), un pequeño templo con grandes vistas. Al sureste, hay que seguir los aromas de fermentación hasta el pequeño pueblo de **Tri Eka Buana** (PLANO: **8** P.130 **C4**), un centro de destilación tradicional de *arak*, el licor típico de Bali.

Pasear por un pueblo turístico   PUEBLO TRADICIONAL

PLANO: **9** P. 130 **B3**

Uno de los atractivos más populares de Bali, sobre todo entre turistas indonesios, es el pueblo tradicional de **Penglipuran.** Dispuestos en torno a una avenida peatonal de 400 m de largo, bordeada de césped y con una pendiente suave, numerosos complejos familiares balineses se han convertido en puestos de tentempiés y tiendas de recuerdos. Se llena de excursionistas; los visitantes inteligentes se bajan al norte del pueblo, cerca del bosque de bambú, y luego disfrutan de un paseo de 20 min hasta el extremo sur para que los recojan.

Lo mejor para...

$ Económico $$ Medio $$$ Alto

Comer

Pescado y marisco

Warung Lesehan Sari Baruna $
14 D5

Pabellón popular al borde de la carretera con platos de satay de pescado picante, pescado al vapor y un *sambal* picante. Cerca del **Pura Goa Lawah** (p. 131). *9.00-20.00*

Locas Waroeng $
15 B5

En la arena de Pantai Selukat (p. 131); buen lugar para el pescado a la parrilla y otros platos indonesios. *9.00-19.00*

Favoritos balineses

Mercado nocturno de Gianyar $
16 A5

Decenas de puestos brindan un clamor festivo al maravilloso y aromático *pasar malam* (mercado nocturno) de Gianyar, uno de los mejores de Bali; cerca de Ubud en coche. *18.00-23.00*

Warung Babi Guling Pande Egi $
17 A4

Cerca de Gianyar, se puede disfrutar de una comida tradicional de cerdo asado en este encantador local al aire libre con vistas a arrozales. *9.00-21.00*

Comidas con ambiente

Masa Masa $$
18 A6

Almuerzos informales y cenas elegantes, con la brisa del mar. Algunas noches hay música en vivo. También galería y tiendas. *9.00-22.00*

Sababay Winery $$
19 B5

Vinos que superan las expectativas y almuerzos elegantes en un jardín tranquilo. *11.00-15.00*

Comidas y bebidas cerca de Sideman

Warung Melita $$
20 B1

Bale (pabellón al aire libre) junto al río en el Darmada Eco Resort, con platos balineses y occidentales; verdura ecológica de cultivo propio. *9.00-21.00*

Localizaciones en el plano de la **p. 130**

Joglo D'Uma $$
21 B2

Restaurante en un pabellón con una vista sensacional de los arrozales cercanos; la comida es apta para turistas, con pocas especias. *8.00-21.00*

9am Coffee $
22 B2

El mejor lugar de Sideman para un café matutino antes de un día de visita a los arrozales. *8.00-21.00*

Comprar

Tejidos tradicionales

Pertenunan Setia Cap Cili
23 A5

Fábrica textil de Gianyar fundada en 1948. Produce un *ikat* de vivos motivos, llamado *endek* en Bali. *9.00-17.00 lu-vi*

Pelangi Traditional Weaving
24 B1

Taller en Sidemen de *endek* y *kain songket* (tela con hilo de plata u oro tejido). *9.00-17.00*

★ **MERECE LA PENA**

Más propuestas en Bali

Bali tiene solo 160 km de ancho por 100 km de largo, pero ofrece mucho que ver y hacer. Además de lo que cubre esta guía, hay más lugares de interés en Bali y en las islas cercanas. Ya sea en una excursión de un día o en una estancia más prolongada, se detallan a continuación algunas zonas de interés destacadas, así como información sobre cómo llegar a ellas desde los principales centros turísticos de Bali.

Nusa Lembongan y Nusa Penida

Más cerca de Bali, el espectacular paisaje de **Nusa Lembongan,** con acantilados azotados por las olas y tranquilos manglares, cuenta además con playas preciosas. En la playa de 2 km de Pantai Jungutbatu se puede hacer esnórquel sobre un arrecife de coral y surfear olas perfectas.

Detrás de Lembongan, vista desde Bali, se alza **Nusa Penida** (foto de la derecha), una isla grande y agreste con playas de extraordinaria belleza, como Pantai Lumangan, a las que se llega con mucha valentía. Su extensa costa depara muchas sorpresas.

Ambas islas son muy populares entre excursionistas. Para pasar la noche, Lembongan tiene varios lugares bohemios donde alojarse y divertirse. Penida tiene un aire más de frontera pero hay buenas pensiones.

 Cómo llegar y salir

Desde

Canggu y Seminyak Coche a Sanur (1 h); barco rápido a una de las islas, 40-50 min

Uluwatu y Nusa Dua Coche a Sanur, 1-1½ h; barco rápido a una de las islas, 40-50 min

Sanur Barco rápido a una de las islas, 40-50 min

Ubud Coche a Sanur, 1 h; barco rápido a una de las islas, 40-50 min

Oeste de Bali

El bullicio turístico de Bali se desvanece a medida que se continúa hacia el oeste más allá del Pura Tanah Lot.

Aunque el crecimiento del sur de Bali se expande hacia fuera, el verdadero oeste de Bali, que está dividido por la transitada carretera que va de Denpasar al puerto de ferris a Java en Gilimanuk, sigue salpicado

FRANCESCO RICCARDO IACOMINO/GETTY IMAGES ©

de rincones solitarios. Es fácil encontrar tranquilidad en su selva agreste, sus arrozales y playas color carbón.

En la costa, los surfistas toman olas en las comunidades costeras de moda. Las olas de la **playa de Balian** tienen seguidores y hay pensiones sencillas y alojamientos algo más elegantes. Más al oeste, **Medewi** es aún más remota. Una creciente colección de pensiones, resorts y algunos lugares excelentes para comer ofrecen comodidad, placer y relajación. El **Pura Rambut Siwi** es casi tan importante como el Pura Tanah Lot y el Pura Luhur Ulu Watu, pero está menos concurrido.

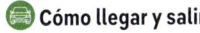 Cómo llegar y salir

Desde

Canggu y Seminyak Coche 30 min (playa de Balian) a 1½ h (Pura Rambut Siwi)

Uluwatu y Nusa Dua Coche 2-3 h

Sanur Coche 1½-2½ h

Ubud Coche 2-3 h

Montañas centrales

Bali tiene un alma cálida, con volcanes que se extienden a lo largo de su columna vertebral. El centro de la isla se eleva muy por encima de las tierras bajas del sur y es un destino popular para excursiones de un día.

El **Gunung Batur** está liberando vapor constantemente. Su belleza lleva a los excursionistas a contemplar su impresionante caldera o a levantarse antes del amanecer para escalarlo. En **Danau Bratan** hay templos hindúes sagrados como el **Pura Ulun Danu Bratan**, y **Candikuning** tiene fresas frescas y el **Jardín Botánico de Bali**.

El pueblo colonial de **Munduk**, un centro de senderismo, tiene vistas a las colinas de la costa norte, que combinan con la belleza de las cascadas cercanas. A la sombra del **Gunung Batukau** está uno de los templos más místicos de Bali, el **Pura Luhur Batukau.** Al sur deslumbran los **arrozales de Jatiluwih,** declarados Patrimonio Mundial por la Unesco.

🚐 Cómo llegar y salir

Desde

Canggu y Seminyak Coche (Jatiluwih; 1 h), (Munduk, 2½ h)
Uluwatu y Nusa Dua Coche 2½–4 h
Sanur Coche 1½–3 h
Ubud Coche 30 min–2 h

Extremo este de Bali

Explorar este extremo, más allá de las **playas de arena negra** y de **Klungkung,** es uno de los grandes placeres de la isla, con arrozales en terrazas que se extienden por las laderas, así como palacios históricos y un famoso sitio de buceo, todo ello dominado por el volcán sagrado Gunung Agung.

En la costa, **Padangbai** es una ciudad playera de moda y un puerto de ferris. Más allá, **Pantai Pasir Putih** es una adorada playa de arena blanca. **Amlapura** tiene palacios, como el imprescindible palacio en el agua de **Taman Tirta Gangga.** Cerca, el **Pura Lempuyang** ofrece panorámicas en una mágica caminata cuesta arriba.

La remota **costa de Amed** alberga pueblos pesqueros con decenas de pensiones dedicadas al descanso y el rejuvenecimiento. Al norte, las aguas azules de **Tulamben** guardan un pecio frente a la costa, popular entre buzos excursionistas y submarinistas profesionales.

🚐 Cómo llegar y salir

Desde

Canggu y Seminyak Coche (Padangbai; 2 h), (Amed; 3 h)
Uluwatu y Nusa Dua Coche 2-3 h
Sanur Coche 1-2 h
Ubud Coche 1-2 h

Norte de Bali

El gran atractivo son el buceo y el submarinismo increíbles de **Pulau Menjangan,** en el Parque Nacional de Bali Occidental, un paraíso natural en el que es sorprendentemente fácil avistar animales. **Pemuteran,** que se extiende en torno a una bahía cercana, es quizá la mejor ciudad playera de Bali: un oasis tranquilo donde residentes y turistas se mezclan en un ambiente agradable. En medio de la costa norte, **Lovina** es una tranquila franja de playa con hoteles baratos. Al este aguardan los museos y la historia en la segunda ciudad de Bali, **Singaraja.** En el interior, se oye el rugido de decenas de cascadas que caen por laderas de un verde increíble, repletas de árboles frutales silvestres y senderos para caminatas.

 **Cómo llegar y salir**

Desde
Canggu y Seminyak Coche (Lovina; 3 h), (Pemuteran; 4 h)
Uluwatu y Nusa Dua Coche 4-5 h
Sanur Coche 3-4 h
Ubud Coche 2-3½ h

Islas Gili

Estas islas son un trío paradisíaco con palmeras y aguas cristalinas. El perímetro exterior de cada una está repleto de cafés, bares y pensiones para turistas. Hay mucho que hacer en tierra, pero un gran atractivo es la fauna marina: tortugas y peces de colores que se arremolinan en los arrecifes.

Cada isla tiene su personalidad. En la más concurrida, **Gili Trawangan** (Gili T), hay fiestas interminables y muchos lugares para pasar el rato. La pequeña **Gili Meno** es la más tranquila y conserva el carácter y la tradición locales. Al este, **Gili Air** parece una fusión de las otras dos, con lugares animados y otros para relajarse.

Las tres islas están libres de vehículos. Los barcos parten hacia las Gili desde Amed, Padangbai, Sanur y otros puertos de Bali. Todos deben hacer un desvío al puerto de Bangsal en Lombok que es una pérdida de tiempo. Para gran parte del sur de Bali, Sanur es el puerto más práctico.

 **Cómo llegar y salir**

Desde
Canggu y Seminyak Coche a Sanur, 1 h; barco rápido, 3½-4 h
Uluwatu y Nusa Dua Coche a Sanur, 1-1½ h; barco rápido, 3½-4 h
Sanur Barco rápido, 3½-4 h
Ubud Coche a Padangbai, 1 h; barco rápido, 3-3½ h

Guía práctica

Nusa Lembongan (p. 134).

YARPHOTOGRAPHER/SHUTTERSTOCK ©

Viajar en familia

Viajar con niños en Bali es enriquecedor. Los niños son parte de la comunidad y todo el mundo es responsable para con ellos. Niños de todas las edades disfrutan de la atención y las numerosas diversiones.

Qué llevar

Los supermercados y tiendas tienen prácticamente todo lo necesario, y casi todo lo que hay en tiendas similares en otros países. En Bali es fácil comprar pañales, comida para bebés, leche UHT empaquetada, leche maternizada, etc. Conviene llevar cambiador, silla para el coche, su comida favorita y un canguro delantero o trasero, u otro portabebés.

COMER CON NIÑOS

Comer en familia es una de las alegrías de viajar, y Bali es tan relajado que los niños pueden ser niños. En muchos restaurantes, los pequeños juegan cerca mientras sus padres disfrutan de la comida. Las cocinas los tienen en cuenta.

Las mejores zonas para niños

Seminyak Clases de surf para niños y adolescentes, y vida de playa tranquila y alegre, sin la sordidez de Kuta.

Sanur Resorts, una playa protegida por arrecifes y muchas actividades familiares.

Nusa Dua Enormes resorts con programas infantiles y una playa protegida por arrecifes.

Ubud Los paseos por la naturaleza, monos molestos, mercados coloridos y vibrantes actuaciones de baile proporcionan un ocio interminable.

Cosas para niños

A los niños les encantan los mercados de Bali, un estímulo muy divertido. Las actuaciones de baile, con color y movimiento, deleitan a los niños más mayores.

Seguridad en la playa

Cuidado con el agua. El mar es impredecible, y no suele haber socorristas.

Seguridad

Quizá las instalaciones y salvaguardas que muchos padres consideran básicas no existan en Bali. Por ejemplo, los lugares altos con vistas excelentes pueden no tener barandas. El principal peligro para niños y adultos son el tráfico y las malas aceras.

Alojamiento

Bali tiene todo tipo de alojamiento imaginable. Los precios suelen ser más razonables de lo que cabe esperar, salvo en épocas concurridas.

Si te gusta...

Animación

Canggu (p. 31) es dinámica y viva, con restaurantes de moda, tiendas, clubes, etc. Las playas laten con bares sencillos, enormes clubes y mucho surf en las olas.

IMPRESCINDIBLE

Nos encanta...

Ubud (p. 111)

La famosa ciudad tiene un ambiente balinés más intenso que otras zonas y la vida del viajero se entremezcla con la de los residentes. Los espectáculos culturales nocturnos, paseos por el hermoso campo y cafés creativos se suman al ambiente encantador. Las pensiones familiares ofrecen preciosos contactos con la vida autóctona.

Aventura

En **Uluwatu (p. 75)** y las vecinas costas del noroeste y el sur, las playas son escarpadas y bonitas, y los alojamientos deliciosamente idiosincrásicos (aunque también hay resorts de lujo).

Resorts

Nusa Dua (p. 87) y las zonas vecinas están llenas de resorts exclusivos internacionales, con cientos de habitaciones y todos los servicios posibles. Ofrecen escapadas de confianza y aisladas.

Vacaciones familiares

Sanur (p. 95) es el lugar ideal para unas vacaciones relajadas. Los arrecifes protegen la playa, que está llena de hoteles de todo tipo.

Relajación

Seminyak (p. 47), corazón del turismo del sur de Bali, cuenta con resorts, hoteles asequibles y villas de alquiler. Y nunca se está lejos de las playas y las puestas de sol.

CUÁNTO CUESTA UNA NOCHE

Cama en un dormitorio de albergue
menos de 10 US$

Hotel-*boutique* de precio medio
desde 60 US$

Resort de lujo
desde 250 US$

141

Comida, bebida y fiesta

Alergias e intolerancias

Las personas con alergias alimentarias e intolerancias deben ser muy cuidadosas en Bali. Alimentos como los frutos secos (sobre todo, cacahuetes), se usan como base de muchos platos y no se mencionan en los ingredientes. Las cocinas no están preparadas para tener zonas sin frutos secos. Sin embargo, los cafés de Canggu y Ubud, y algunos de los resorts internacionales, quizá estén más familiarizados con esta cuestión.

SABER DECIR "NO"
Los balineses son relajados con la idiosincrasia humana. Si a uno le sirven algo que prefiere no comer, puede dejarlo. Es probable que el anfitrión o camarero se quede más desconcertado que ofendido.

─── COMIDA ESPECIADA ───

La comida que se sirve en Bali se ha adaptado al que se cree que es el gusto de los turistas. Desde el puesto de mercado más humilde al mejor restaurante, nadie quiere que un turista se queje por exceso de especias. Puede pedirse *"Bali spicy"* o *"pedas"* si gusta el picante, aunque no será tan fuerte como para un lugareño.

Cuándo comer

Los chefs y cocineros van al mercado por la mañana a comprar productos frescos, cuando se tuestan los cocos y se muelen con esmero las especias. Se prepara comida suficiente para todo el día, ya que se suelen comprar sobre la marcha, con los platos cubiertos para que los miembros de la familia puedan servirse cuando lo deseen. Lo mejor es disfrutar de los hábitos gastronómicos de la zona en cualquier momento.

Cómo pagar la cuenta

En general se pide la cuenta o se espera sentado a la mesa. Se llama al camarero diciendo: *"The bill tolong"*.

Dividir la cuenta Solo se hace en los restaurantes de alto nivel. Los comensales deben resolverlo entre ellos, ya se pague en efectivo o con tarjeta.

Propinas Solo se esperan en lugares de alta categoría pero el personal las agradece mucho, pues una pequeña cantidad marca una gran diferencia. Siempre se da la propina (5-10%) en efectivo al camarero (o se deja en una caja para propinas). Pagar en efectivo y no aceptar el cambio es una forma de dar propina.

PRECIOS

Estos precios corresponde al coste medio de un plato principal.

$ menos de 60 000 IDR

$$ de 60 000 a 200 000 IDR

$$$ a partir de 200 000 IDR

HORARIOS

Cafés 8.00-21.00

Restaurantes 8.00 o 11.00 hasta 21.00 mín.

Bares 18.00-22.00

Salir

Cerveza En Bali se puede tomar una cerveza bien fría en casi todas partes. Los colmados, puestos en la playa, cafés, restaurantes y demás la venden a cualquier hora.

Vino y cócteles Los sirven cafés de playa, clubes y lugares especializados, así como cualquier establecimiento que tenga bar.

Cuándo ir Los cafés suelen abrir de día hasta última hora de la tarde. Los bares de playa esperan al atardecer (aunque hay vendedores por el día). Los grandes clubes de playa abren todo el día, se transforman en discotecas por la noche y se parecen más a los estándares internacionales; algunas no merecen la pena hasta pasadas las 23.00.

Cómo vestirse En los locales de playa, como se quiera. En los demás sitios, con un mínimo de decencia. No se permiten bañadores ni ir sin camisa en cafés, restaurantes y lugares similares. Los clubes pueden tener normas más estrictas, como no llevar sisas.

KETUT MAHENDRI/SHUTTERSTOCK ©

CUÁNTO CUESTA...

Comida de restaurante exclusivo
406 000 IDR o más

Nasi campur
50 000 IDR

Babi guling
45 000 IDR

Café balinés
10 000 IDR

Cóctel
150 000 IDR o más

Jamu (bebida saludable de hierbas)
10 000 IDR

Coco fresco para beber
10 000 IDR

143

Comunidad LGTBIQ+

Los viajeros LGTBIQ+ en Bali deben seguir las mismas precauciones que los heterosexuales: no hacer demostraciones públicas de afecto, aunque en general la actitud es relajada.

Aceptación

Indonesia aprobó una ley moral destinada a impedir las relaciones sexuales extramatrimoniales, pero los líderes de Bali afirman firmemente que la ley no se aplicará a los turistas.

Bali es en general uno de los lugares más aptos para viajeros LGTBIQ+ del sureste asiático. Las parejas no deben esperar ninguna interferencia al registrarse en una habitación, y hay una gran comunidad de gais y lesbianas expatriados. Muchos tienen negocios que, sin ser específicos para gais, son aptos para ellos. En el sur de Bali y Ubud, las parejas solo deben recordar que los balineses son recatados. Las demostraciones públicas de afecto por parte de cualquier persona son una falta de respeto.

IMPRESCINDIBLE

Mejores zonas LGTBIQ+

En general, Canggu, Seminyak, Uluwatu y Ubud son los lugares donde las personas LGTBIQ+ pueden sentirse más cómodas, y donde hay más evidencias de vida LGTBIQ+. En Seminyak hay bares y clubes gais en Jl Camplung Tanduk.

LÉXICO LGTBIQ+

En Indonesia, los hombres homosexuales son *maho* o gay, y las lesbianas, *lesbi*. La comunidad indonesia de transgénero y transexuales se conoce como *waria*, de *wanita* (mujer) y *pria* (hombre); también se les denomina *banci*, menos amable.

Recursos

● **Gay Nusatra** Grupo comunitario LGTBIQ+ de Indonesia. Trabaja en cuestiones sociales, política gubernamental, servicios de apoyo, prevención del VIH, etc. *gayanusantara.or.id*
● **Yayasan Gaya Dewata** La organización LGTBIQ+ comunitaria más antigua de Bali trabaja para prevenir la propagación del VIH y brinda servicios de apoyo en toda la isla. *gayadewata.com*

Salud y seguridad

Si bien Bali es seguro en general, se cometen delitos. Los visitantes también deben ser cautos con su seguridad física.

NADAR

En las playas hay fuertes olas, corrientes y contaminación. Hay que nadar entre las banderas de seguridad si las hay; no suele haber socorristas. Conviene alejarse de los arroyos que desembocan en las olas.

Drogas

Es un tema serio. Las pastillas de éxtasis o un poco de marihuana han derivado en multas enormes y penas de cárcel de varios años (búsquese en Google "Bali Nine").

Hay policías que se hacen pasar por traficantes y a menudo arrestan a extranjeros por posesión de drogas, ya sea en clubes o villas privadas.

Nada de agua del grifo

No es seguro beber agua del grifo en Bali. Hay que beber agua filtrada o embotellada.

Estafas

Ejemplos de estafas en Bali:
● Orfanatos falsos que sacan dinero a turistas (hay que investigar antes de donar).
● Estafadores que cobran una suma escandalosa por "arreglar" un problema falso del coche, moto o ciclomotor.
● Guías no oficiales que cobran si uno se saca un selfi en un lugar público.
● Cajeros que dan mal el cambio.

A TENER EN CUENTA

Seguridad

Hay que vigilar las pertenencias en las playas, cafés, coches, centros comerciales, en todas partes.

Drogas

Nunca están permitidas. No vale la pena arriesgarse.

Alcohol

Siempre está permitido.

--- **SEGURIDAD EN EL AGUA** ---

Los ferris y barcos de Indonesia tienen un historial de seguridad desigual. No hay que dar por sentado que cualquier viaje será seguro, por lo que hay que usar el sentido común. Si bien hay buenas empresas en las aguas que rodean Bali, la oferta cambia constantemente. Si una embarcación parece sospechosa, es mejor elegir otra empresa. No hay que arriesgar la seguridad por ahorrar.

145

Turismo responsable

Hay que seguir estos consejos para dejar una menor huella, apoyar a los lugareños y tener un impacto positivo en las comunidades.

Turismo comunitario

JED (Jaringan Ekowisata Des, que significa "Red de Ecoturismo de Pueblos") organiza recorridos muy valorados por pequeños pueblos balineses, algunos con una noche de estancia. Trabaja con pueblos fuera de las rutas turísticas. Todos los ingresos se devuelven a las comunidades. *jed.or.id*

Muntigunung es una iniciativa comunitaria para mejorar las condiciones de vida mediante actividades dirigidas a los turistas en el pueblo homónimo y alrededores, en el este de Bali. *muntigunung.com*

IMPRESCINDIBLE ★

Potato Head
En la entrada del legendario **Potato Head** (p. 52) de Seminyak se puede leer sobre cómo cada aspecto de su negocio está dedicado a la sostenibilidad.

Basura de la estación lluviosa

La densidad de basura en las playas de Bali tiene relación con las estaciones y mareas. La estación de lluvias (nov-feb aprox.) crea torrentes de agua en los valles fluviales llenos de basura, lo que da lugar a escenas de miseria que acaparan titulares.

Recursos

- **refillmybottle.com** Orientación sobre dónde rellenar las botellas de agua en Bali.
- **desalescommunitycenter.org** Enseña turismo sostenible a estudiantes del este de Bali.
- **bumisehat.org** ONG con sede en Ubud que gestiona clínicas de salud comunitarias en todo Bali.

Sungai Watch ha identificado más de 350 vertederos ilegales en Bali y organiza limpiezas de ríos para que la basura no llegue a las playas. La organización se está expandiendo por toda Indonesia, y se les puede ayudar. *sungai.watch*

Protección de los animales

No hay que nadar con delfines cautivos, montar en elefante ni visitar atracciones en las que se obligue a actuar a animales salvajes.

Varios criaderos de tortugas marinas trabajan para proteger los huevos de cazadores furtivos y depredadores. Más información en la **Bali Sea Turtle Society** (p. 61) y el **Turtle Conservation and Education Centre** (p. 108).

RELLENAR LA BOTELLA DE AGUA

La dependencia del agua embotellada por parte de los residentes y visitantes de Bali hace que el residuo de plástico sea ingente. Por tanto, conviene rellenar la botella (no hace falta que sea especial, basta con reutilizar una de plástico desechable) en el alojamiento y en restaurantes.

En Ubud, se puede rellenar en el Pondok Pekak Library & Learning Centre, en el campo de fútbol.

El cambio climático y viajes

Es imposible ignorar el impacto de nuestros viajes y la importancia de hacer cambios. Lonely Planet anima a todos los viajeros a involucrarse en su huella de carbono. Muchas webs de líneas aéreas y sitios de reservas ofrecen la opción de compensar el impacto de los gases de efecto invernadero realizando donaciones para iniciativas respetuosas con el clima en todo el mundo.

Hay muchas calculadoras de carbono en línea que permiten a los viajeros calcular las emisiones de carbono generadas por su viaje; se puede probar en **resurgence.org** escaneando el código QR de la derecha.

Accesibilidad

⚠ Bali no es accesible

Bali es un lugar complicado para personas con movilidad reducida o con problemas de visión o audición. Pocos edificios tienen acceso para discapacitados. Hay bordillos altos, aceras mal mantenidas y escalones en muchos establecimientos. Sin embargo, suele haber ayuda a mano, aunque no sea especializada.

♡ Cualidades balinesas

Si bien en Bali no hay alojamiento formal para personas con necesidades de accesibilidad, no falta ayuda. Sus habitantes son muy amables. La isla también es rica en placeres sensoriales, ya sea para la vista, el oído, el olfato, el gusto o el tacto.

Aeropuerto

El aeropuerto Ngurah Rai de Bali es moderno y tiene capacidad para atender a pasajeros con distintas necesidades. Los aeropuertos de otras partes de la región no están tan bien equipados pero deberían poder atender a todos los pasajeros.

TEMPLOS Y OTROS

Los escalones son un aspecto filosófico integral de cualquier templo hindú, por lo que casi ningún santuario o lugar de interés balinés es accesible en silla de ruedas. No hay tampoco bucles magnéticos, braille ni accesos a las playas para sillas de ruedas.

RESORTS

Los resorts de **Nusa Dua** (p. 87) están diseñados y construidos según los estándares internacionales de accesibilidad. En Bali, los resorts de alta gama tienen habitaciones accesibles, acceso sin barreras en toda la propiedad y otros servicios que se adaptan a diversas necesidades. Los ascensores son estándar y el personal está capacitado para ofrecer cualquier asistencia necesaria. También se pueden obtener referencias de empresas de buceo que puedan atender a personas con necesidades especiales.

--- **SUGERENCIAS DE ALOJAMIENTOS** ---

Disabled Holidays Esta agencia de viajes con sede en Reino Unido ofrece hoteles y resorts accesibles en Bali e Indonesia. *disabledholidays.com*
Villa Sunset View Cómoda villa sin barreras cerca de Canggu con instalaciones accesibles para sillas de ruedas. *@villa_sunset_view*

Recursos

● BBali Access Travel es una agencia de viajes especializada que ofrece recorridos accesibles, alojamiento, transporte, alquiler de equipos y servicios de enfermería con todas las licencias. *(baliaccesstravel.com)*

Lo esencial

Horario comercial

Bancos 8.00-14.00 lu-ju, 8.00-12.00 vi, 8.00-11.00 sa

Oficinas gubernamentales 8.00-15.00 lu-ju, 8.00-12.00 vi (no están estandarizados)

Restaurantes y cafés 8.00-21.00 a diario (hasta más tarde en zonas concurridas)

Tiendas y servicios para visitantes 9.00-20.00 a diario

Tiendas y atracciones rurales 9.00-anochecer

A TENER EN CUENTA

Hora local
GMT/UTC +08:00

Código de país
+62

Emergencias Policía 110; Bomberos 113; Atención médica 119

Población
4,5 millones de hab.

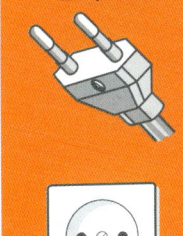

ELECTRICIDAD
220V/50Hz

Buka
Abierto

Tutup
Cerrado

Lavabos públicos

Los inodoros de estilo occidental son comunes en zonas turísticas. En zonas rurales, son agujeros de porcelana en el suelo con reposapiés a ambos lados y un cubo de agua.

Solo hay servicios públicos en algunos lugares de interés; es mejor buscar un café u hotel, sonreír, y pedir permiso educadamente.

Fiestas oficiales

Indonesia tiene una larga lista de festividades nacionales y religiosas. Estas son las más importantes en Bali.

Tahun Baru Masehi (Año Nuevo) 1 enero

Tahun Baru Imlek (Año Nuevo chino) finales enero-ppios febrero

Nyepi (Día del Silencio, cuando se cierra la isla) febrero o marzo

Hari Buruh (Día del Trabajo) 1 mayo

Hari Proklamasi Kemerdekaan (Día de la Independencia) 17 agosto

Hari Natal (Navidad) 25 diciembre

Las fechas de estos festivos cambian cada año.
Isra Miraj Nabi Muhammad (Ascensión del Profeta Mahoma)

Idul Fitri Fin del Ramadán, dos días festivos (conviene no viajar por las multitudes)

Idul Adha (Fiesta islámica del Sacrificio)

Muharram (Año Nuevo musulmán)

Maulud Nabi Muhamma (Nacimiento del Profeta Mahoma)

Idioma

Lo básico

Hola.
Salam.

Adiós. (al irse)
Selamat tinggal.

Adiós. (al quedarse)
Selamat jalan.

¿Qué tal?
Apa kabar?

Estoy bien, ¿y tú?
Kabar baik, Anda bagaimana?

Disculpe.
Permisi.

Lo siento.
Maaf.

Sí.
Ya.

No.
Tidak

Por favor...
Silahkan.

Gracias.
Terima kasih.

De nada.
Kembali.

Frases rápidas

¿Hablas inglés?
Bisa berbicara Bahasa Inggris?

No entiendo.
Saya tidak mengerti.

¿Cómo te llamas?
Siapa nama Anda?

Me llamo...
Name saya ...

Comer y beber

¿Qué lleva este plato?
Hidangan itu isinya apa?

Estaba delicioso.
Ini enak sekali.

¡Salud!
Bersulang!

Traiga la cuenta, por favor.
Tolong bawa kuitansi.

Estaba delicioso.
Ini enak sekali.

Una mesa ...
meja ...

a las (ocho) en punto
pada jam (delapan)

para (dos) personas
untuk (dua) orang

No como...
Saya tidak makan...

productos lácteos
susu dan keju

pescado
ikan

carne (roja)
daging (merah)

cacahuetes
kacang tanah

marisco
makanan laut

Números

1
satu

2
dua

3
tiga

4
empat

5
lima

Conviene saber

El indonesio, o *bahasa Indonesia*, es la lengua oficial del país. Tiene unos 220 millones de hablantes, aunque es la lengua materna de solo unos 20 millones. Casi todo el mundo en Bali habla también balinés.

Es fácil dominar la pronunciación indonesia. Cada letra representa siempre el mismo sonido y casi todas las letras se pronuncian como en español.

El indonesio y su pariente más cercano, el malayo, se desarrollaron a partir del malayo antiguo, una lengua austronesia hablada en el reino de Srivijaya en la isla de Sumatra.

EMERGENCIAS

¡Socorro!
Tolong!

¡Váyase!
Pergi!

Llame a...!
Panggil ...!

... un doctor
dokter

... la policía
polisi

Carteles

Buka Abierto
Dilarang Prohibido
Kamar Kecil Lavabos públicos
Keluar Salida
Masuk Entrada
Pria Hombres
Tutup Cerrado
Wanitai Mujeres
Polisi Policía
Rumah Sakit Hospital

Transporte e indicaciones

¿Dónde está (la estación)?
Di mana (stasiun)?

¿Cuál es la dirección?
Apa alamatnya?

¿Puede mostrármelo (en el mapa)?
Bisa tunjukkan kepada saya (di peta)?)

Por favor, pare aquí.
Tolong, berhenti i sini.

––––––––––– **JERGA DE BALI** –––––––––––

Alay Vulgar, hortera, histérico/a
Basian Resaca
Jijay Desagradable, grotesco/a
Kimpoi Relaciones sexuales
Koplak Idiota
Pansi ¿Qué diablos?

 6 *enam*

 7 *tujuh*

 8 *delapan*

 9 *sembilan*

 10 *sepuluh*

Índice

Comer

La opinión del lector

Nos encanta escuchar a los viajeros, ya que vuestros comentarios nos ayudan a mejorar nuestros libros. Podéis escribirnos a lonelyplanet.com/contact. Leemos todos los mensajes y garantizamos que estos llegan a los autores.

Nota: Es posible que algunos fragmentos de estos mensajes aparezcan en nuevas ediciones de las guías Lonely Planet, en la web o en productos digitales. Si preferís que vuestro contenido o nombre no sean publicados, por favor, indicadlo claramente. Para obtener una copia de nuestra política de privacidad, podéis visitar lonelyplanet.com/legal.

geoPlaneta
Av. Diagonal 662-664, 08034 Barcelona
www.geoplaneta.com – www.lonelyplanet.es

Lonely Planet Global Limited
Lonely Planet Global Limited, Digital Depot,
The Digital Hub, Dublín D08 TCV4, Irlanda
www.lonelyplanet.com
Contacta con Lonely Planet en: lonelyplanet.com/contact

Bali de cerca
4ª edición en español – febrero del 2025
Traducción de *Pocket Bali*, 8ª edición –
octubre del 2024
© Lonely Planet Global Limited
1ª edición en español – febrero del 2011

Editorial Planeta, S.A.
Av. Diagonal 662-664, 7º. 08034 Barcelona (España)
Con la autorización para la edición en español de Lonely Planet Global Limited, Digital Depot,
The Digital Hub, Dublín, D08 TCV4, Irlanda

© Textos y mapas: Lonely Planet, 2024
© Fotografías: según se relaciona en cada imagen, 2024
© Edición en español: Editorial Planeta, S.A., 2025
© Traducción: Olalla Gastón, 2025

ISBN: 978-84-08-21465-6
Depósito legal: B. 13.837-2019
Impresión y encuadernación: Estella
Printed in Spain – Impreso en España